LITERATURA NEGRO-BRASILEIRA

Dados Internacionais de Catalogação na Publicação (CIP)
(Câmara Brasileira do Livro, SP, Brasil)

Cuti (Luiz Silva)
 Literatura negro-brasileira / Cuti – São Paulo: Selo Negro, 2010. – (coleção consciência em debate/coordenada por Vera Lúcia Benedito)

Bibliografia
ISBN 978-85-87478-47-4

1. Literatura brasileira 2. Negro na literatura I. Benedito, Vera Lúcia II. Título. III. Série.

10-06709   CDD-869.909352

Índice para catálogo sistemático:
1. Negros : Literatura brasileira : História e crítica   869.909352
2. Negros na literatura brasileira   869.909352

Compre em lugar de fotocopiar.
Cada real que você dá por um livro recompensa seus autores
e os convida a produzir mais sobre o tema;
incentiva seus editores a encomendar, traduzir e publicar
outras obras sobre o assunto;
e paga aos livreiros por estocar e levar até você livros
para a sua informação e o seu entretenimento.
Cada real que você dá pela fotocópia não autorizada de um livro
financia um crime
e ajuda a matar a produção intelectual de seu país.

LITERATURA NEGRO-BRASILEIRA
Copyright © 2010 by Luiz Silva
Direitos desta edição reservados por Summus Editorial

Editora executiva: **Soraia Bini Cury**
Editora assistente: **Salete Del Guerra**
Assistente editorial: **Carla Lento Faria**
Coordenadora da coleção: **Vera Lúcia Benedito**
Projeto gráfico de capa e miolo: **Gabrielly Silva/Origem Design**
Diagramação: **Acqua Estúdio Gráfico**

2ª reimpressão, 2024

Selo Negro Edições
Departamento editorial
Rua Itapicuru, 613 – 7º andar
05006-000 – São Paulo – SP
Fone: (11) 3872-3322
http://www.selonegro.com.br
e-mail: selonegro@selonegro.com.br

Atendimento ao consumidor
Summus Editorial
Fone: (11) 3865-9890

Vendas por atacado
Fone: (11) 3873-8638
e-mail: vendas@summus.com.br

Impresso no Brasil

LITERATURA NEGRO-BRASILEIRA

Cuti

Consciência em debate

Para
Ayodele,
minha filha,
pelos ensinamentos de vida.

Agradecimentos

Agradeço a todos os participantes do meu minicurso "Literatura negro-brasileira", e também àqueles que assistiram às palestras proferidas por mim sobre o tema e contribuíram com seus questionamentos para que eu aprofundasse minhas reflexões.

Meus agradecimentos especiais aos que me convidaram para realizar aquelas atividades: Juarez Ribeiro, do Centro Ecumênico de Cultura Negra; Kabengele Munanga, da Universidade de São Paulo; Oswaldo de Camargo, coordenador de literatura do Museu Afro Brasil; Elena Maria Andrei, da Universidade Estadual de Londrina; Rita Camisolão e Eliane Gonçalves, da Universidade Federal do Rio Grande do Sul; Liane Schneider, da Universidade Federal da Paraíba; Ivete Alves Sacramento, da Universidade Estadual da Bahia; Maria Aparecida de Oliveira Lopes, da Universidade Federal do Tocantins.

A todos, meu muito obrigado!

Sumário

Introdução 11

1. Uma vertente 15

2. Interlocuções 27

3. Negro ou afro não tanto faz 31

4. Autocensura: "eu" negro × "tigre" do silêncio 47

5. Precursores 63

6. Identidade por dentro 85

7. Polaridades 109

8. Elos de gerações 115

9. Vida literária: alguns tópicos   125

10. Dramaturgia   133

11. Antologias e novos suportes   139

12. Para finalizar   143

Bibliografia   145

Introdução

O assunto deste livro é a literatura brasileira. A proposta é iluminar um de seus múltiplos aspectos, que é a literatura negro-brasileira. Tanto o *corpus* que a constitui quanto a razão de tal destaque serão discutidos no texto.

O surgimento da personagem, do autor e do leitor negros trouxe para a literatura brasileira questões atinentes à sua própria formação, como a incorporação dos elementos culturais de origem africana no que diz respeito a temas e formas, traços de uma subjetividade coletiva fundamentados no sujeito étnico do discurso, mudanças de paradigma crítico-literário, noções classificatórias e conceituação das obras de poesia e ficção.

Destacar este veio da literatura brasileira tem o mesmo objetivo que tiveram outras áreas ao deitarem luz sobre aspectos importantes da cultura nacional que, por motivos de dominação ideológica, restaram abafados durante séculos ou décadas. Afinal, o Brasil é dos brasileiros, porém é preciso acrescentar que é de *todos* os brasileiros.

A literatura negro-brasileira, do sussurro ao grito, vem alertando para isso, ao buscar seus próprios recursos formais e sugerir a necessidade de mudança de paradigmas estético-ideológicos.

Se as conquistas da população negro-brasileira são minimizadas é porque o propósito de um Brasil exclusivamente branco continua sobrepujando as mentes que comandam a nação nas diversas instâncias do poder. Os maiores problemas que o país enfrenta hoje foram plantados ontem e seus cultivadores deixaram uma legião de descendentes e seguidores.

A luta entre escravizados e escravizadores mudou sua roupagem no biombo do século XIX para o século XX, mas prossegue com suas escaramuças, porque a ideologia de hierarquia das raças continua, segue mudando de cor como os camaleões, adaptando-se a situações novas, com manobras da hipocrisia sempre mais elaboradas.

Com a democracia jurídica, o esforço para alterar as mentalidades encontrou grande apoio, porém as noções cristalizadas de superioridade racial mantêm-se renitentes, e os argumentos da exclusão racista persistem para impedir a partilha do poder em um país étnica e racialmente plural. E a literatura é poder, poder de convencimento, de alimentar o imaginário, fonte inspiradora do pensamento e da ação.

Quando intelectuais brasileiros em postos de comando (professores, jornalistas etc.) procuram apartar o saber – em nosso caso a literatura – das questões ligadas às relações étnico-raciais, o fazem como quem nega conceber a capacidade intelectual ao segmento social descendente de escravizados.

A literatura é um fazer humano. Quando é interpretada, avaliada, legitimada ou desqualificada, fica aberto o leque de sua recepção, leque este que se altera no decorrer do tempo em face das novas pesquisas. Nem a teoria nem a crítica literária se furtam à ação do tempo e, portanto, de alterações a elas atinentes.

Certa mordaça em torno da questão racial brasileira vem sendo rasgada por seguidas gerações, mas sua fibra é forte, tecida nas instâncias do poder, e a literatura é um de seus fios que mais oferece resistência, pois, quando vibra, ainda entoa loas às ilusões de hierarquias congênitas para continuar alimentando, com seu veneno, o imaginário coletivo de todos os que dela se alimentam direta ou indiretamente. A literatura, pois, precisa de forte antídoto contra o racismo nela entranhado. Os autores nacionais, principalmente os negro-brasileiros, lançaram-se a esse empenho, não por ouvir dizer, mas por sentir, por terem experimentado a discriminação em seu aprendizado.

Sob o manto de um silêncio midiático, livros individuais, antologias de poemas, contos e ensaios e obras de referência vêm se somando para revelar um Brasil que se quer negro também no campo da produção literária, pois o país plural se manifesta no entrechoque das ideias e nos intercâmbios de pontos de vista.

1
Uma vertente

Foram os estrangeiros estudiosos do Brasil que deram início ao questionamento envolvendo africanos escravizados, sua descendência e a literatura brasileira[1]. Tal fato demonstra, por si só, tratar-se de assunto de difícil "digestão" para os próprios brasileiros.

No Brasil, durante os quatro primeiros séculos, escritores ficaram à mercê das letras lusas. O domínio político e econômico também se refletia no domínio cultural, incluindo a literatura. A crítica obedecia aos pressupostos do padrão de escrever da metrópole e por esse viés valorizava ou desqualificava as obras.

O século XIX marca o período da nacionalidade brasileira, com a Independência, a Abolição e a República. A crítica literária brasileira não podia ficar à margem do processo, pois fazia e faz parte do conjunto das relações sociais.

....
1. Roger Bastide, Raymond Sayers e Gregory Rabassa.

Além da temática (o bom selvagem, os amores arrebatados, a vida social urbana, a saga da escravização), o Romantismo investe na cor local, buscando na geografia brasileira os elementos que caracterizassem um traço identitário. Flora e fauna serão abundantemente exploradas para demarcar a brasilidade. A constituição populacional será, entretanto, o fator predominante. É o período em que temática e ideologia aliam-se explicitamente à forma de escrever dos movimentos artísticos transplantados da Europa. O tom estava dado. Realismo, Naturalismo e Parnasianismo, cada um ao seu modo, também vão enfatizar a nacionalidade, empregando elementos locais. O Simbolismo, que mais se afastou desse processo, acabou, também, dando sua contribuição nessa mesma linha.

Até então, nesse contexto, os descendentes de escravizados são utilizados como temática literária predominantemente pelo viés do preconceito e da comiseração. A escravização havia coisificado os africanos e sua descendência. A literatura, como reflexo e reforço das relações tanto sociais quanto de poder, atuará no mesmo sentido ao caracterizar as personagens negras, negando-lhes complexidade e, portanto, humanidade.

No período pós-Abolição, fica evidenciada a discriminação antinegra pela ausência de projeto oficial de integração da massa ex-escravizada que sai do campo e emigra para a área urbana, ou lá continua, enfrentando situações semelhantes ao regime que se extinguia formalmente. Tal discriminação acompanhada de forte repressão policial, se não se oficializa, naturaliza-se. O silêncio em face da supremacia branca e suas práticas sutis e violentas de rejeição social antinegra vai, aos poucos, sedimentando na cultura o viés comportamental do brasileiro não negro ou daquele que se julga como tal, e, inclusive, dos próprios negros. Discriminar, portanto, é também uma forma de os mestiços de diversas origens negarem-se como "negros", mesmo que seus vínculos estejam presentes em sua ascendência, no teor de melanina da pele ou nas suas características faciais.

A maneira como os escritores tratarão os temas relativos às vivências dos africanos e de sua descendência no Brasil vai balizar-se pelas ideias vindas da Europa, abordando o encontro entre os povos, sobretudo no que diz respeito à dominação dos europeus desde o início da colonização. A essas ideias somar-se-á a necessidade de se fazer projeções para o futuro do Brasil, um esforço para explicar-se ao mundo como povo. Os literatos estavam, assim, respaldados por uma crítica literária local, tentando cobrir o próprio país como tema de suas obras. O debate sobre as questões de raça permeará a produção escrita, principalmente a partir da segunda metade do século XIX, para permanecer aceso nas teses sobre o Brasil, mesmo que cercado muitas vezes por uma cortina de silêncio. As teorias raciais serão, de início, adaptadas pelos intelectuais do período, os quais produzirão as suas próprias. A preocupação era conceber a nação por meio de uma fantasia de futuro. O que eles queriam para o Brasil? Um país de população totalmente branca. Por quê? A maioria desses intelectuais concordava com a ideia de superioridade congênita da chamada raça branca, tese que legitimara para a sociedade todo o processo escravista no estatuto colonial e a discriminação no pós-Abolição.

Legitimar a violência da dominação dos povos é uma forma de aliviar a culpa. É transformar toda a violência, por mais brutal que tenha sido, em algo aceitável e humanamente necessário. Dizer, por exemplo, que "os negros foram trazidos para o Brasil porque o país precisava de mão de obra" é o mesmo que dizer que um criminoso matou para roubar porque sua mãe precisava de um vestido novo. A palavra "Brasil" esconde os crimes e os criminosos. É com versões como essas que se foi constituindo uma formação discursiva, um jeito coletivo de encarar os fatos no tocante à questão racial. Aí se posta o sujeito étnico *brancocêntrico* que ensejará seu contraponto. A antropologia brasileira nasce no Brasil sob o signo do racismo. A sociologia segue os mesmos passos, a literatura e a história também. A formação discursiva dominante, com todas as ranhuras e fraturas que sofrerá, chegará, nesse quesito, até o século XXI, ainda com poder de convencimento.

Já na segunda década do século XX, o Modernismo retoma veementemente as ideias de se caracterizar uma nacionalidade literária, buscando na população pobre e nos índios a sua inspiração. Mas desses segmentos sociais quer tão somente as manifestações folclóricas, não seus conflitos. Assim, encontra motivos para experimentações de linguagem, restabelecimento de mitos, superstições, danças, músicas e religiosidade.

Tomemos dois textos para refletir a questão do sujeito[2] étnico e suas implicações, ainda que os exemplos a seguir

....

2. Sujeito, termo bastante complexo, será aqui empregado com a noção que ultrapassa a ideia de primeira pessoa ("eu"), implicando a noção daquele que organiza o texto, nele acrescentando ideias sobre o mundo que, por vezes, carregam em si valores os mais diversos (estéticos, éticos, políticos etc.). O sujeito organiza, preside e veicula seus pressupostos. Só não se confunde com o autor porque faz sentido apenas no texto realizado. Por isso é chamado "sujeito do discurso". É também criação daquele escritor que com o sujeito mantém identidades e/ou diferenças.

constatem o mesmo fato social, o que não é uma tônica, mas uma exceção.

O primeiro trecho, do dramaturgo branco Nelson Rodrigues, do século XX, de um artigo publicado na imprensa brasileira no ano de 1957, assim expõe as relações raciais no Brasil:

> Não *caçamos* pretos, no meio da rua, a pauladas, como nos Estados Unidos. Mas *fazemos* o que talvez seja pior. A vida do preto brasileiro é toda tecida de humilhações. *Nós o tratamos* com uma cordialidade que é o disfarce pusilânime de um desprezo que fermenta em *nós* dia e noite. Acho o branco brasileiro um dos mais racistas do mundo. (grifos meus)

O outro exemplo é um poema escrito por Luiz Gama (2000, p. 33), autor negro do século XIX, constante de seu livro *Trovas burlescas de getulino*, publicado em 1859:

> Desculpa, meu amigo
> Eu nada te posso dar
> na terra que rege o branco
> nos privam té de pensar
>
> Ao peso do cativeiro
> Perdemos razão e tino,
> Sofrendo barbaridades
> Em nome do Ser Divino!!

Nelson Rodrigues, com sua declaração autocrítica, constitui um sujeito étnico branco quando escreve sobre o "preto" para um outro branco, formando com este último um "nós" branco. Nesse caso, negro é objeto da autocrítica, é a respeito dele que se escreve. Não é o negro que dirige a palavra nem é a ele que a palavra é dirigida.

O emissor foi caracterizado como branco sem precisar se autodenominar como tal. Ele não expressou: "Sou branco". Usou o negro como o outro e, portanto, um contraponto em relação a ele e a seu interlocutor com o qual formou um "nós". Podemos entender que esses brancos talvez fossem mulatos ou indígenas? Aqui é preciso ressaltar que texto não sobrevive sem o contexto intra e extratexto. Ao se conhecer que o autor era branco, poderíamos concluir que o "nós" constituído também é branco, porque o racismo antinegro está registrado na história da escravização dos africanos e de sua descendência com teorias e ações levadas a efeito pelos brancos com a discriminação racial. Outros segmentos, como os mestiços e os indígenas, se individualmente praticaram ou praticam o racismo, não foram seus criadores.

Por saber, ainda, que o autor é brasileiro, a convivência entre brancos e negros ganha uma especificidade maior e a compreensão sobre o disfarce – característico da prática discriminatória nacional – torna-se mais precisa. Entretanto, o mesmo trecho do artigo publicado em jornal finaliza com o autor referindo-se a alguém como a um terceiro que não fosse ele nem seu interlocutor: "Acho o branco brasileiro um dos mais racistas do mundo". É como se o sujeito e seu interlocutor eleito extraíssem de seu meio uma figura outra ("o branco brasileiro"), única responsável pela prática denunciada anteriormente. Ou seja, o autor criou assim uma desidentidade com a prática, transformando o "branco" em um ente abstrato e singular. Caso o texto tivesse seguido sua coerência, seria: *Acho que somos um dos povos mais racistas do mundo*. Mas assim não foi escrito. Certamente, essa técnica apontou para uma não unanimidade, ou seja, nem todos os brancos são racistas – "nós", por exemplo – embora esse mesmo "nós" seja quem "trata(mos) o negro". O sentido específico da discriminação racial brasileira fica evidente: a hipocrisia. O "nós" pratica a ação, o desprezo fermenta nele, mas não é o "nós" o mais racista do mundo, e, sim, o "branco brasileiro". Também se insinua a desconstrução do destinatário único, deixando em aberto a recepção. O destinatário do discurso passou a ser qualquer pessoa. Outra interpretação possível é que o autor, mesmo denunciando o racismo à brasileira, tenha usado um de seus recursos: a negação de si mesmo, ou seja, há o racismo, mas não se identifica o racista. No Brasil, o racista acaba sendo concebido como um ente sem consistência concreta, um fantasma que, vez ou outra, resolve atacar os negros. Há, pois, no final do trecho citado, um artifício de linguagem e um artifício de ideologia.

Focalizemos agora o texto de Luiz Gama. Da mesma forma que Nelson Rodrigues, o sujeito do discurso constrói um "nós" com o destinatário e também não diz a sua cor, a não ser pelo estabelecimento do processo de se contrapor ao "branco". Da mesma maneira, tomando este último como o "outro", acaba por se definir como negro também, pelo contexto intra e extratexto. Sendo vítima do branco que os priva "té" de pensar, remete-nos à situação do escravizado cujas privações atingiam inclusive – e, sobretudo – o seu interior, impedindo-o de articular o pensamento livremente e, por conseguinte, impedindo o sujeito de possuir algo para "dar". Na segunda estrofe, aponta o cativeiro como fator da perda de "razão" e "tino". Se o termo "razão" nos remete à filosofia, "tino" indica-nos a ideia de inteligência prática, juízo, atenção, noções que sugerem atitude. O uso da divindade suprema pelo branco serve para praticar "barbaridades", meio pelo qual desestabiliza o mundo interior de sua vítima. O sagrado, sendo arrolado na prática da barbárie, foi e é o grande sustentáculo da prática da violência humana. É suficiente que esta seja transformada em atitude positiva pela blindagem da crença (os fins justificam os meios). Para isso, basta sua falsa positividade ser "rezada" com a mesma insistência das orações. Nos versos de Luiz Gama não há o recuo da abstração, como no final do texto de Nelson Rodrigues. A identidade negra é mantida até o final.

Ambos os exemplos permitem-nos inferir que, tanto na construção imaginária do "eu" que enuncia quanto na construção de seu receptor, há uma base de identidade biossocial. O sujeito é étnico, pois, com base nos sentidos e na organização do discurso, exibe suas marcas e seus posicionamentos em relação àquilo que propõe. O texto do dramaturgo e o texto do poeta têm algo em comum: reafirmam a existência do racismo, um em forma de autocrítica e o outro pela crítica. Os dois trazem o tom da confabulação, chamando o leitor ideal de cada um para uma reflexão íntima. Este leitor tem o seu perfil determinado pelos próprios textos: um é branco (ou não negro) e o outro é negro (ou não branco).

As palavras constatam, apesar do posicionamento diverso, que é sobre o negro que incide a maior carga de recusa da identidade brasileira. O "desprezo que fermenta" nos brancos gerou, também, neles e nos demais (negros e mestiços), o que o mesmo dramaturgo em outro artigo chamou "complexo de vira-latas", atitude de inferioridade em face do estrangeiro, que nasce dessa recusa que os brancos têm em relação aos não brancos que compõem a nação e estes em relação a si mesmos. Considerando-se melhores, no seu íntimo, esses não negros, incluindo aqui os mestiços, recusam uma identidade comum. Curioso que o próprio dramaturgo, que usou aquela expressão quando o Brasil perdeu a Copa de Futebol de 1950 para o Uruguai, estendendo a mesma expressão ao comportamento geral de baixa autoestima nacional, escreveu posteriormente ter aquele traço, no futebol, sido vencido por conta da presença de Pelé, sobre quem o escritor publicou diversas crônicas elogiosas, e também por conta de um outro craque, também negro: Garrincha.

A questão do tal complexo tem como causa principal o complexo de superioridade do branco e sua identidade nacional ambígua. Os descendentes de estrangeiros imigrantes têm muito forte identidade com os países de origem de seus pais ou avós, como se fossem estrangeiros, nem que se considerem estrangeiros de segunda classe. Tal identidade exerce sua força contrária à identificação com os segmentos de povos que eles consideram inferiores.

Essa vergonha que o branco brasileiro sente, no íntimo, de ver o Brasil representado mundialmente pelo negro, em qualquer situação, tem se transformado à vista dos talentos negros, sobretudo nos esportes e na música. Por mais que os bloqueios racistas atuem no cotidiano das mais diversas formas para impedir a ascensão da população negra, outros talentos surgem nas demais áreas de atividade. Porém, o preconceito, pela sua característica "pré", ou seja, anterior ao conceito, vai se refazendo para manter sua origem intacta: o complexo de superioridade racial de branco.

O citado "complexo de vira-latas" que atinge boa parte dos brasileiros tem como base, portanto, o conflito da identidade nacional. Como vivemos em uma sociedade competitiva – lastreada na propriedade privada, na produção e no consumo –, a discriminação racial surge como arma de ataque contra os negros na luta por dinheiro e prestígio. Esta arma quase sempre é usada no escuro das relações sociais. Sua ação – da mais sutil à mais brutal – tem atingido a população negra visceralmente, gerando nela a baixa autoestima e a vergonha da África (o segundo continente mais populoso do planeta), pelo seu atraso econômico e, acima de tudo, pela atuação dos meios de comunicação brasileiros que, dos 54 países, divulga repetidamente as tragédias e as misérias, deixando de se referir a outros aspectos da vida naquele continente.

Sempre que há competição, os adversários vão procurar se desqualificar mutuamente. Seres para os quais a imagem é o fator principal que nos permite desvendar o mundo – dependentes da visão como somos –, o que do outro nos aparece primeiro remete-nos também aos nossos valores internalizados. Assim, é no corpo do outro que tendemos a buscar a identidade imediata (empatia, desejo de aproximação, arrefecimento do medo ao primeiro contato etc.). A imagem é o mais importante elemento de decodificação do outro. E decodificamos o outro com o que aprendemos em nossa vida até o momento do contato.

O preconceito racial e o de gênero são fatores preponderantes para avaliação prévia de alguém. Quando não dispomos de dados reais, advindos de fonte fidedigna, acerca da outra pessoa, ou quando esses dados são muito escassos, apelamos para o nosso arquivo de memória, onde estão guardados também os nossos preconceitos. A consulta relâmpago que a eles fazemos nos dá um resultado que acende nossos sentimentos e instiga nossas atitudes na direção da identidade ou na de seu inverso (aversão, desejo de afastamento, aumento do medo ao primeiro contato etc.).

O preconceito (conjunto de ideias e sentimentos genéricos a respeito de um determinado tipo de pessoa) antinegro está enraizado nos não negros e nos próprios negros. Tem sua origem na escravização e no racismo (teoria que buscou justificativas para o processo de violência e dominação dos povos de origem africana, disseminada cotidianamente nos produtos culturais, por meio do rádio, jornal, televisão, cinema, artes plásticas, literatura etc.). A discriminação (prática do preconceito que se constitui na rejeição do outro, seja por desqualificação verbal, seja por agressão física) instala-se não apenas no relacionamento entre as pessoas. A discriminação se faz presente no ato da produção cultural, inclusive na produção literária. Quando o escritor produz seu texto, manipula seu acervo de memória onde habitam seus preconceitos. É assim que se dá um círculo vicioso que alimenta os preconceitos já existentes. As rupturas desse círculo têm sido realizadas principalmente pelas suas próprias vítimas e por aqueles que não se negam a refletir profundamente acerca das relações raciais no Brasil.

Uma das formas que o autor negro-brasileiro emprega em seus textos para romper com o preconceito existente na produção textual de autores brancos é fazer do próprio preconceito e da discriminação racial temas de suas obras, apontando-lhes as contradições e as consequências. Ao realizar tal tarefa, demarca o ponto diferenciado de emanação do discurso, o "lugar" de onde fala.

2
Interlocuções

Quando se tem à frente um crítico branco do século XIX ou do início do século XX, o escritor negro, consciente daquela expectativa, vai seguir o diapasão do lamento. Os abolicionistas, pelo viés da comiseração, tentavam sensibilizar a sociedade como um todo para a injustiça da escravização. Assim, outra que não fosse a perspectiva do fim do estatuto escravista não lhes passava pela mente, ou seja, o pós-Abolição. Nesses termos, a consideração para com os africanos e sua descendência tinha um limite histórico datado. Promulgada a Lei Áurea, realmente os abolicionistas encerraram sua preocupação com a população egressa do cativeiro. A possibilidade da perspectiva negro-brasileira na literatura tinha, assim, seu limite na recepção. Como um dado da realidade, a recepção que se estabelecia impunha, previamente, seu código de aceitabilidade. Personagens negras deveriam mostrar tão somente os males da escravidão como estatuto legal. A humanidade dos escravizados só por esse viés teria importância.

Ameaçar a predominante concepção de hierarquia das raças seria uma ousadia não admissível.

Além do crítico, eram majoritariamente brancos os possíveis leitores.

Quando alguém se põe a escrever, não é verdade que escreve para si mesmo. Já no ato da escrita, um leitor ideal vai se formando na mente do escritor, alguém que ele gostaria, intimamente, que lesse o seu texto. As costumeiras dedicatórias são a revelação da ponta do *iceberg* deste leitor concebido no ato da própria escrita, sem que, muitas vezes, o escritor tenha consciência. Isso ocorre porque, ainda que o ato da escrita seja solitário, na maioria das vezes ele enseja o princípio de um grupo: o autor e o leitor. É um ato de comunicação.

Escritores negros sempre tiveram de contar, como qualquer outro artista, com a recepção branca. Ora, se o escritor conhece a concepção de raça que predomina na sociedade (no Brasil, a ideia de que não há discriminação racial, ou quando muito apenas um "racismo cordial"), procurará não ferir a expectativa literária para não comprometer o sucesso de seu trabalho. Assim, são aspectos lúdicos das formas culturais que procurará empregar para dar um colorido negro-brasileiro a seu trabalho, ou então um prosseguimento à exploração das mazelas para provocar a comiseração do leitor. As questões atinentes à discriminação racial tenderão a ficar subjacentes ao texto, pois podem ser o "tendão de Aquiles" da aceitabilidade da obra e prejudicar o sucesso almejado.

No tocante à literatura, é com o surgimento de leitores negros no horizonte de expectativa do escritor, bem como de uma crítica com tal característica, que haverá um entusiasmo para que a vertente negra da literatura brasileira se descongele da omissão ou do receio de dizer a sua subjetividade. Um marco importante para isso se deu no final da década de 1970 do século XX, mais precisamente no ano de 1978, nas escadarias do Teatro Municipal de São Paulo; surgia o Movimento Negro Unificado contra Discriminação Racial, cuja sigla logo passou de MNCDR para tão somente MNU – Movimento Negro Unificado. Esse evento histórico dinamizou as entidades. No bojo de toda essa movimentação social que gerou, no mesmo ano, ocorre o lançamento da série *Cadernos Negros*.

Contudo, já bem antes, nos primeiros anos do século XX, associações negras de várias partes do Brasil começavam a oferecer uma recepção mais solidária para os escritores, entusiasmando-os a escrever, tendo como endereço direto um leitor negro. Com isso, os autores passam a incluir na sua temática o protesto, desenvolvendo no texto uma consciência crítica.

Considerando que a formação de um escritor é muito cara, pois envolve educação formal (escola) e informal (cursos paralelos de idiomas, redação, autodidatismo etc.), vemos que o desenvolvimento da literatura negro-brasileira necessitou e necessita que a população, cuja subjetividade é o fator fundamental daquela vertente, elabore a sua ascensão social. São, portanto, fatores essenciais para se desenvolver uma literatura: o acesso à alfabetização, à leitura e à prática da escrita literária, aquisição de bens culturais (livros, CDs, DVDs), disponibilidade de tempo, isolamento físico com espaço adequado para produção de textos, equipamentos para a escrita e pesquisa, crise de identidade gerada principalmente pelo afastamento cultural, o que faz o autor lançar-se em busca das raízes perdidas, competição social, de onde se dá o encontro com a prática do racismo e a conscientização de que ela implica vários aspectos (econômicos, psicológicos, religiosos, estéticos etc.). Nessa longa estrada, as negociações com o poder instituído no campo da cultura e do financiamento desta não se fazem tão somente animadas pela harmonia entre as partes. Há crispações. Daí a nomeação dada ao conjunto de obras objeto deste estudo ser o tema do próximo capítulo, pois nomear é atribuir sentidos e veicular ou esconder intenções.

3
Negro ou afro não tanto faz

Classificar, por si só, não é conhecer. Mas pode ser um momento preparatório do conhecimento. Analisar o objeto nos traz alguns subsídios para não só aprendermos a pertinência dessa ou daquela classificação, mas também o que está por detrás delas, pois ninguém classifica sem lançar, naquilo que classifica, sua maneira peculiar de ver o mundo.

São inúmeras as formas e as razões que determinam as denominações em arte. No campo da literatura, um sentido de evolução animou por séculos o ímpeto dos novos escritores interessados em realizar uma forma de escrever diferente daquela dos escritores estabelecidos. O empenho para roubar o prestígio sempre contou com aliados em tais lutas, responsáveis pela elaboração das razões explicativas e justificadoras para que o novo grupo rechaçasse os autores prestigiados. Artistas e intelectuais, por mais que apresentassem argumentos plausíveis para a supervalorização de seus trabalhos em detrimento dos de outros, não conseguiam disfarçar inteiramente esse ímpeto competitivo que marca o ser humano, como também todos os animais, em relação aos quais nos consideramos superiores. Tais manifestações exigem obras que tenham semelhanças em algum(ns) item(ns), ou seja, que alguns traços sejam predominantes em um conjunto. Nomes são atribuídos a tais manifestações artísticas ora pelos seus produtores, ora por aqueles que os apoiam, ou, ainda, pelos que tentam desqualificá-los[3]. Os chamados estilos de época, correntes, movimentos etc. são recortes dentro de um conjunto maior. Assim, surgem pesquisas específicas de ideias, obras e artistas. Os estudos, por sua vez, podem fazer recortes ainda menores, mais detalhados.

A palavra *corpus* significa a reunião de determinados textos para se chegar a informações sobre um assunto; define um conjunto selecionado por alguém com o intuito de submetê-lo à análise ou apenas dar-lhe destaque.

O valor de um livro é dado não apenas pelo montante do consumo de exemplares, mas principalmente pelo acúmulo da fortuna crítica que a obra consegue amealhar no decorrer do tempo. A princípio, sim, é o mercado o determinante mais forte. Depois, é o que se diz do texto e o quanto ele é

....

3. Por exemplo, foi pejorativo o título impressionistas atribuído pintores preocupados em retratar as refrações da luz. O crítico, escritor e também pintor Louis Leroy, ao comentar o quadro "Impressão, nascer do sol (1872)", de Claude Monet, asseverou, com desdém, tratar-se de quadro que gerava uma impressão, dizendo ironicamente estar impressionado. O termo impressionismo nasceu, pois, de uma pejoração. Os artistas, entretanto, assumiram-no para designar o próprio movimento artístico que inauguravam.

promovido, pelas suas "qualidades" internas e capacidade de levar as pessoas a experimentarem emoções profundas, momentos lúdicos, expectativas almejadas, saberes sobre a vida etc.

A denominação de um recorte da literatura traz em si propósitos diversos. Por princípio, pretender dar um destaque a um *corpus* é realçar uma seleção. Sabe-se que quem seleciona estabelece critérios para tal. As denominações estariam balizadas por um propósito de reunir escritos que tivessem algo em comum, capaz de estabelecer algum contraponto com outras reuniões ou com o restante do conjunto do qual a seleção faz parte, iluminando um detalhe do todo.

A produção literária de negros e brancos, abordando as questões atinentes às relações inter-raciais, tem vieses diferentes por conta da subjetividade que a sustenta, em outras palavras, pelo lugar socioideológico de onde esses produzem.

A par do surgimento da personagem negra em livros de autores brancos ou mestiços, mediada pelo distanciamento, a produção de autores negros segue sua trajetória de identidade e de consolidação gradativa de uma alteridade no ponto de emanação do discurso.

Se a literatura brasileira se firmou a partir do romantismo foi porque havia uma vontade coletiva de escritores e críticos para dar destaque aos elementos que diferenciassem a produção local daquela da metrópole portuguesa.

No interior da literatura brasileira, várias são as vertentes destacadas, sendo as mais comuns a estilística e a regional. Todas nascem de uma vontade coletiva. As propostas de inovação formal do texto literário apelam para seu reconhecimento do mesmo modo que os Estados da Federação procuram fazer da demarcação geográfica uma demarcação literária. As motivações são de cunho político-ideológico e cultural. Elevar o nome das instâncias político-administrativas, bem como dar a conhecer as suas realidades locais, funcionam como propulsores e legitimadores, no plano nacional, da produção de livros de ficção e poesia. Quanto às manifestações formais, essas também trazem em si ideias e intenções para propor uma mudança de paradigma.

Quanto à produção literária do segmento negro da população, os estudiosos, desde o começo do século XX, tentam aplicar nomes ao recorte feito. Tendo em vista tanto a temática quanto a nominação não serem reservas só de escritores negros, desde Castro Alves, a questão da subjetividade branca tem dado o tom hegemônico acerca da interpretação e da nominação das obras.

Quando são iniciados os estudos sobre o negro no Brasil, a ênfase que se dá à africanidade é animada pelas teorias racistas do período, como já vimos. O extermínio da população negra no país é tido como natural pelo processo de miscigenação e da miserabilidade. A população negra passa a ser vista como um doente no leito de morte. Assim, essa perspectiva não ilustra apenas o entendimento que se tem, naquele momento, de um Brasil futuro, mas também o desejo dos brasileiros brancos, mas não só dos brancos. Mestiços e negros que internalizaram o racismo e por isso renegam sua ascendência negro-africana chegam mesmo a contribuir fortemente para atender à expectativa da hierarquização das raças que a eles mesmos inferioriza.

Na literatura, por razões fundamentadas em teorias racistas, a eliminação da personagem negra passa a ser um velado código de princípios. Ou a personagem morre ou sua descendência clareia[4]. A evolução do negro no plano ficcional só pode ocorrer no sentido de se tornar branco, pois a "afro-brasilidade" pode sobreviver sem o negro, uma vez que um afro-brasileiro pode ser um não negro, ou seja, não ser vítima da discriminação racial ou, até, ser um discriminador. Daí tal terminologia corresponder às ideias do antropólogo Gilberto Freyre, relativas à noção de uma hierarquia cultural, em que as manifestações de origem africana seriam consideradas estágios inferiores e o cruzamento biológico no Brasil apontaria para o que chamou de "metarraça", ou seja, um futuro de população morena que apagaria toda e qualquer tensão racial.

É sobre a fantasia de um espólio cultural afro que os racistas brasileiros passaram a abordar a questão literária nacional quando foram intimidados pelos brasilianistas que por aqui aportaram para debater o problema racial e sua relação com o texto literário.

Denominar de afro a produção literária negro-brasileira (dos que se assumem como negros em seus textos) é projetá-la à origem continental de seus autores, deixando-a à margem da literatura brasileira, atribuindo-lhe, principalmente, uma desqualificação com base no viés da hierarquização das culturas, noção bastante disseminada na concepção de Brasil por seus intelectuais. "Afro-brasileiro" e "afro-des-

....

4. *O mulato*, de Aluísio Azevedo, *Bom crioulo*, de Adolpho Caminha, e, mais recente, *Negro Leo*, de Chico Anísio, exemplificam a eliminação; *Os tambores de São Luís*, de Josué Montello, e *Viva o povo brasileiro*, de João Ubaldo Ribeiro, exemplificam o clareamento dos descendentes das personagens principais. *O presidente negro*, de Monteiro Lobato, vai mais longe, com a esterilização de toda a raça negra (nos Estados Unidos).

cendente" são expressões que induzem a discreto retorno à África, afastamento silencioso do âmbito da literatura brasileira para se fazer de sua vertente negra um mero apêndice da literatura africana. Em outras palavras, é como se só à produção de autores brancos coubesse compor a literatura do Brasil. O aval do Estado Brasileiro[5] dá à denominação "afro-brasileira" um caráter compulsório, enquadrando a produção literária em seus pressupostos ideológicos. O interesse de intercâmbio econômico com os países africanos sustenta as iniciativas de intercâmbio cultural.

Atrelar a literatura negro-brasileira à literatura africana teria um efeito de referendar o não questionamento da realidade brasileira por esta última. A literatura africana não combate o racismo brasileiro. E não se assume como negra. Ainda, a continentalização africana da literatura é um processo desigual se compararmos com outros continentes. Países com a sua singularidade estético-literária são colocados sob um mesmo rótulo. A diversidade africana mais uma vez é negada. Como em um navio tumbeiro literário são misturadas as literaturas para venda em outras partes do mundo. Essa negação das singularidades nacionais enfatiza ainda a dominação global, com roupagem de um novo tráfico, agora de livros. Africanos de hoje, em particular os lite-

....
5. Tanto na Lei nº 10.639/2003 quanto no Projeto de Lei nº 3.891, que cria a Universidade Federal da Integração Luso-Afro-Brasileira (Unilab), a expressão ganhou força, ainda que na Lei nº 10.639/2003 o parágrafo 1º do artigo 26-A faça referência à "cultura negra", "negro na formação da sociedade nacional", "povo negro", e no artigo 79-B conste: "O calendário escolar incluirá o dia 20 de novembro como "Dia Nacional da Consciência Negra".

ratos, ciosos da busca de reconhecimento cultural de suas nacionalidades, incluindo aí os africanos brancos, tendem a rejeitar uma identidade continental para suas obras, preferindo a caracterização nacional baseada na noção territorial geográfica.

No contexto brasileiro, já vimos que foram os estrangeiros que primeiramente fizeram estudos acerca da presença negra na literatura brasileira. Como tema, simplesmente, ou por trazer elementos rítmicos das tradições de origem africana, a literatura feita por brancos explicitou a distância entre o sujeito e seu objeto, como se quem pronunciasse o discurso fizesse questão de dizer que este não diz respeito a uma subjetividade negra e sim branca. São inúmeros os textos nessa linha, desde os primórdios da nacionalidade literária, quando ainda reinava a completa dicção portuguesa. Aqui e ali, algum suspiro de identidade negra, como se ela fosse proibida. E o era. Não explicitamente. Ideias e concepções podem ter seu reinado sem necessitar de leis que determinem o cumprimento daquilo que propõem. O silenciamento da identidade negra perpassou os séculos e atingiu o século XXI de várias formas; uma delas é apresentar negros como detalhes de uma suposta generalidade branca.

Tão somente em termos de antologias, temos as seguintes vertentes principais, sobretudo nos subtítulos, uma vez que estes cumprem função explicativa: *afro-brasileira*, com iniciativa de estrangeiros e respaldada pelos estudos acadêmicos, dos quais os primeiros foram os Congressos Afro-brasileiros, dirigidos e levados a efeito por pesquisadores brancos; *negra*, fundamentada por estudiosos, em geral fora do ambiente acadêmico, e preferida pela maioria dos próprios autores quando organizam coletâneas coletivas; e, com menor citação, *afro-descendente*, antologia[6] concebida por um poeta e uma estudiosa.

O que tais estudiosos e escritores pretendem com as expressões "afro-brasileiro", "negro" e "afro-descendente"? Será que haveria uma indiferença na terminologia, ou seja, não seria tão importante a denominação e sim o conteúdo? Ao que parece, podemos entender afirmativamente, pois os recortes feitos, em geral, repetem uma boa quantidade de textos (poemas e contos), além de ser comum, apesar de uma expressão no título, no interior da obra usar-se também a outra expressão, ou ambas como sinônimos: negra e afro-brasileira, além de afro-descendente.

Quanto aos autores, um afro-brasileiro ou afro-descendente não é necessariamente um negro-brasileiro.

O critério de cor da pele dos autores, em se tratando de texto escrito, em que medida é importante, considerando que "afro" não implica necessariamente ser negro? O referido prefixo abriga não negros (mestiços e brancos), portanto, pessoas a quem o racismo não atinge, para as quais a identidade da herança africana não está no corpo, portanto, não passa pela experiência em face da discriminação racial. Quando se fala em "poetas negros", estariam os que usam tal expressão referindo-se à cor da pele? Parece-nos que sim, porém, não apenas isso. Então, além do dado da cor, teria de haver o dado da escrita. Que escrita será essa? Parece-nos que a escrita afro-brasileira ou afro-descendente tenderia a se diferenciar da escrita negro-brasileira em al-

---

6. Trata-se da antologia *Quilombo de palavras*: a literatura dos afro-descendentes, livro organizado por Jônatas Conceição e Lindinalva Barbosa, publicado em 1999, com 2ª edição em 2000.

gum ponto. O ponto nevrálgico é o racismo e seus significados no tocante à manifestação das subjetividades negra, mestiça e branca. Quais as experiências vividas, que sentimentos nutrem as pessoas, que fantasias, que vivências, que reações, enfim, são experimentadas por elas diante das consequências da discriminação racial e de sua presença psíquica, o preconceito? Esse é o ponto!

A palavra "negro" é uma das mais polissêmicas do vernáculo. Sua polissemia, quem sabe, contribuiria para seu desprezo na caracterização de um *corpus*. Afro-brasileiro, expressão cunhada para a reflexão dos estudos relativos aos traços culturais de origem africana, independeria da presença do indivíduo de pele escura, e, portanto, daquele que sofre diretamente as consequências da discriminação.

Os organizadores dos *Cadernos Negros*, membros do *Quilombhoje*, grupo de escritores iniciado em 1980 e depois transformado em entidade sem fins lucrativos, continuam mantendo a palavra "negro" no título da série e passaram (a partir do volume 18, em 1995) a caracterizar os gêneros (poemas e os contos) como "afro-brasileiros", com a pretensão explícita de não perder nada nesse processo semântico ainda em curso. Por que não alteraram o nome da série para Cadernos Afro-brasileiros? É que essa expressão não é aglutinadora. O movimento de reivindicação da descendência africana no Brasil não se caracterizou como tal, no mesmo ano de criação da série, mas, sim, como Movimento Negro. A palavra "negro" lembra a existência daqueles que perderam a identidade original e construíram outra, na luta por suas conquistas, dentre as quais a Frente Negra Brasileira foi a organização de maior repercussão, pois chegou a ser um partido político. A crítica ideológica contra a Frente aparentemente aponta para a ideologia fascista de alguns de seus membros diretores. Contudo, o discurso real destaca o fato de ela aliar a palavra "negro" à palavra "poder", com a ligação direta de busca de disputa para se comandar uma sociedade.

Portanto, a palavra "negro" nos remete à reivindicação diante da existência do racismo, ao passo que a expressão "afro-brasileiro" lança-nos, em sua semântica, ao continente africano, com suas mais de 54 nações, dentre as quais nem todas são de maioria de pele escura, nem tampouco estão ligadas à ascendência negro-brasileira. Remete-nos, porém, ao continente pela via das manifestações culturais. Como literatura é cultura, então a palavra estaria mais apropriada a servir como selo.

Neste ponto, é importante perguntar: o que têm as manifestações culturais da diáspora africana com países como Líbia, Marrocos, Tunísia, Argélia? Lilyan Kesteloot, ao organizar sua *Anthologie Negro-Africaine*, teve explicitamente a preocupação em incluir o termo "negro", pois senão, segundo ela, "englobar-se-iam então abusivamente a literatura dos africanos do norte, que, culturalmente, pertencem ao mundo árabe"[7]. A par dessa distinção balizada pela palavra "negro", a ela a autora atribui a noção de cultura. Para Kesteloot há uma África cultural que englobaria os negros de outras partes do planeta, cuja origem seja o continente africano. Daí a expressão *negro-africaine* no título da antologia que não contemplou o Brasil. Além disso, dos três autores de Língua Portuguesa incluídos no item referente a Angola e Moçambique, dois deles são brancos: Castro Soromenho, de

....

7. Kesteloot, 1987, p. 9 (citação traduzida pelo autor).

quem a autora escreve "ser branco apenas de pele", e António Jacinto, de quem não apresenta dados. Do segundo país, Noemia de Souza, negra. Não resta dúvida de que ela seguiu na esteira da Negritude, com a abrangência de sua abordagem, o que hoje fere suscetibilidades negroides que optam por uma fraternidade genérica que beira a fantasias das mais fantasiosas, para não dizer ingenuidade tosca, ou por aqueles que, com razão, reivindicam sua nacionalidade pouco difundida. Mas a inclusão de autores brancos demonstrou estar a autora daquela antologia atenta à "cor do texto", ou seja, ao seu conteúdo existencial, não somente à cor da pele do escritor.

Não se diz que um escritor branco-brasileiro produz literatura euro-brasileira, nem tampouco branco-brasileira. Por que, então, o destaque negro-brasileiro? Porque a questão puramente cultural é uma falsa questão. Todos têm direito a toda cultura do mundo, inclusive à de sua herança histórica. Qualquer pessoa pode ser candomblesista, umbandista, católica etc. Por outro lado, o que é básico para o desenvolvimento de uma literatura, o idioma, o escritor negro-brasileiro tem no português a sua língua materna, ainda que madrasta. Não há outro idioma materno que pudesse confrontar a sua visão de mundo com a língua falada e escrita em todo o Brasil, com seus mais de 191 milhões de habitantes, em uma área de 8.500.000 km^2 de área. A identidade brasileira para os descendentes de africanos é mais antiga do que, por exemplo, para os imigrantes e seus descendentes. As línguas africanas não se mantiveram intactas no Brasil, desaparecerem da vida cotidiana da maioria da população, ficando restritas em pequenas comunidades, principalmente religiosas (candomblé, umbanda, quimbanda), ou ainda em alguns remanescentes de quilombos. Apesar disso, realizaram modificações sensíveis no português, mormente no vocabulário, na sintaxe e na eufonia. A população negro-brasileira fala e escreve, pois, na sua língua materna, o Português, como os negro-americanos falam inglês, juntamente com os caribenhos, dentre os quais um expressivo número fala francês ou espanhol. A realidade dos grupos humanos saídos da África é bastante diferente daquela dos que lá ficaram, particularmente no tocante à identidade linguística.

A nostalgia da origem que surpreendeu os africanos quando recém-chegados ao Brasil dissolveu-se gradativamente nos embates da sobrevivência, em todos os níveis, inclusive o cultural. Como cultura não tem cor, acostumou-se a falar da "contribuição do negro para a cultura brasileira". A ideia de "brasileiro" sem "negro" nos remete ao racismo do século XIX, traduzido pelos ideólogos brasileiros como um desaparecimento do negro pela miscigenação. Brasileiro, então, para aqueles ideólogos passou a ser sinônimo de não negro, ou seja, o espectro branco para o qual toda "contribuição" negra e indígena deve convergir.

Nos Estados Unidos, há muito a expressão *black* luta com a expressão *afroamerican* para caracterizar-lhes as manifestações culturais.

Também na diáspora africana do Caribe, manifestações contra a Negritude puseram em marcha vários argumentos e negativas de identidade por aquela via.

Ou seja, dos próprios negros diaspóricos e africanos partiram argumentos contrários à denominação fundamentada na identidade mundial da cor da pele como extensiva aos aspectos culturais. Dos africanos, a particularidade nacional reage contra a homogeneidade continental.

Literatura negro-brasileira

Se é compreensível que no Brasil a mestiçagem dificulta a identidade com base na cor da pele, pois a sua coloração é variadíssima, bem como outros traços fenotípicos, como cabelo, formato do nariz e lábios, alguma coisa disso tudo pode ser estabelecida. Negros e mestiços, no Brasil e no mundo, vivem sob o predomínio de uma estética eurocêntrica que abrange desde o vestuário até a textura do cabelo, passando também pelas produções culturais. Contudo, não se trata apenas de cultura. A opressão estende-se à vida em toda a sua dimensão. E é aí, com esse amplo conteúdo, que se realiza a literatura.

Entretanto, os argumentos ora enfatizando os temas, ora fazendo sobressair a forma, prosseguem digladiando-se.

Quanto ao nome dado a essa produção, estamos diante de um projeto de "engenharia" ideológica, cujo objetivo é esvaziar o sentido das lutas da população negra do Brasil, sobretudo o seu principal fator: a identidade, este querer-se negro, este assumir-se negro, este gostar-se negro. Ninguém escreveu em nenhuma camiseta: "100% afro-brasileiro". Essa expressão não provocaria qualquer entusiasmo. É uma palavra artificial, da qual ninguém teve a sua integridade ameaçada nem sua dignidade recuperada. "100% negro" é manifestação das ruas, da vida que pulsa fora da universidade, fora de seu controle; é energia que vem da necessidade interior e coletiva de tantos quantos resolveram dizer não ao complexo de inferioridade; daqueles que resolveram negar-se a raspar ou alisar seus cabelos; de todos os que resolveram dizer sim à vida, à alteridade da beleza. Quando o Ilê Ayê celebra a estética feminina, dá o nome: Noite da Beleza Negra. Quando um grupo de pesquisadores acadêmicos resolve dizer um basta à domesticação intelectual das universidades, criam o Congresso Brasileiro de Pesquisadores Negros. Os artistas do palco também não perdem tempo com palavra forjada por brancos dentro dos muros das universidades, e criam o Fórum de Performance Negra. São iniciativas que demonstram que estamos diante de uma luta não apenas terminológica, mas ideológica. A universidade, como instância de poder, não reconhece a palavra "negro". Os governos federal, estadual e municipal também tendem a não reconhecê-la, exatamente porque foi com ela que a militância política e cultural conseguiu imprimir determinadas marcas na vida nacional como, por exemplo, o Dia Nacional da Consciência Negra. É por estar aliada a toda uma sequência de conquistas e mobilizações que a reação contra ela se pôs em marcha, primeiro para fazer do negro um bichinho de laboratório a ser dissolvido – via mestiçagem, biológica e cultural – no branco, depois para enfraquecer os negro-brasileiros na disputa de espaços de poder e esvaziar o teor de identidade conquistada no seio de toda a população brasileira. Identificar-se com essa palavra é comprometer a sua consciência na luta antirracista, é estar atento aos preconceitos e à consequente cristalização de estereótipos, é dar mais ênfase à criação diaspórica do que à origem de seus produtores ou o teor de melanina em suas peles. Não há cordão umbilical entre a literatura negro-brasileira e a literatura africana (de qual país?).

A literatura negro-brasileira nasce na e da população negra que se formou fora da África, e de sua experiência no Brasil. A singularidade é negra e, ao mesmo tempo, brasileira, pois a palavra "negro" aponta para um processo de luta participativa nos destinos da nação e não se presta ao reducionismo contribucionista a uma pretensa brancura que a englobaria como um todo a receber, daqui e dali, elementos negros e indígenas para se fortalecer. Por se tratar de participação na vida nacional, o realce a essa vertente literária deve estar referenciado à sua gênese social ativa. O que há de manifestação reivindicatória apoia-se na palavra "negro".

Este livro trata, pois, de literatura negro-brasileira por conta de não descender o seu *corpus* da literatura africana. Os negro-africanos que no Brasil chegaram escravizados não trouxeram em sua bagagem nenhum romance, livro de contos ou de poesia que pudessem ter servido de base para a continuidade de uma literatura afro no Brasil. Veio, sim, a literatura oral. Entretanto, os textos escritos têm sua gênese fundamental em outros textos escritos, apesar de outras influências secundárias. Quando se transpõe um conto oral para o papel tem-se a exata dimensão de seu deslocamento e inconsistência para a leitura. Não foi feito para ser lido. É como beber algo sólido ou mastigar algo líquido. Quanto ao "sabor" para a leitura, há sempre de lhe faltar o tempero (o som da fala, sua entonação e a teatralidade do momento de sua narração, além do público receptivo para ouvi-lo). Os escritores negro-brasileiros fazem literatura escrita. A sua tradição, desde Luiz Gama, é escrita. Sua produção é inerente, um aspecto, uma vertente da literatura brasileira e não africana. Obras de escritores branco-brasileiros entram na formação dos negro-brasileiros pela obrigatoriedade educacional. Por essas razões, nomeá-la de "afro", sem referência de país e sem vínculo de tradição africana, é uma incoerência. No âmbito da literatura da qual ela faz parte, destacá-la transcende o fato de chamar a atenção de pessoas de pele escura. Destacá-la é revelar o que o Brasil esconde de si mesmo pela ação do racismo do qual a cultura nacional está impregnada, como também alertar para o como a reação escrita de uma subjetividade subjugada redundou e redunda na prática de formas que atendam não ao chamado de uma herança africana mas à necessidade de uma ruptura com o processo de alienação que o racismo provoca. Quando um negro brasileiro se olha no espelho e se vê branco (com olhos claros, cabelos lisos, nariz afilado, lábios finos, tez pálida), expõe a pauta da literatura negro-brasileira: a restituição de seu verdadeiro rosto que a alienação surrupiou. A exposição desse drama de identidade, que tem dimensões coletivas, inclui negros, mestiços e brancos brasileiros, visto que todos são copartícipes dessa trama que se desenvolve e se realiza no cotidiano. Pois, quando um branco e um mestiço se olham no espelho do Brasil, suas imagens também estão destorcidas pelo racismo. Querem não ser brasileiros por rejeitarem a sua ascendência negra ou negarem sua convivência e identidade de povo diverso na cor e na origem. O objetivo da ideologia racista é minimizar a sua própria ação corrosiva, o que a literatura negro-brasileira não faz.

Por detrás, portanto, da questão da escolha da palavra para denominar a literatura produzida majoritariamente pela descendência africana no Brasil há um arcabouço de preocupações relativas à identidade nacional. Entretanto, para se chegar ao âmago de tal identidade é preciso não desprezar os obstáculos à expressão "negro", dentre os quais a censura e sua consequência mais cruel: a autocensura.

4
Autocensura: "eu" negro × "tigre" do silêncio

> *"Quem calou*
> *Não consentiu*
> *Teve é medo."*
>
> José Alberto[8]

Os discursos (todos) passam pelo poder dizê-lo. O silêncio pertence à maioria que ouve e, quando muito, repete. Falar e ser ouvido é um ato de poder. Escrever e ser lido, também. Na educação tradicional, o professor fala e os alunos silenciam. No vestibular e nos concursos, as obras são listadas e todos os que os prestarem terão de responder corretamente às questões formuladas a respeito de tais obras e não de outras.

Quando pensamos por essa via, sabemos que por detrás dos atos de poder há pessoas. Quem escolhe o livro a ser

....
8. "Quem cala não consente". In: *Cadernos Negros* 5, 1982, p. 34.

lido tem o poder sobre os demais que devem fazer daquela leitura um ato de obediência como condição para atingir seu objetivo (ser aprovado).

Ante tais listas, se perguntarmos por que tais obras e não outras, vamos deparar com uma instância de autoridade: um colegiado, um professor, um técnico. Essa escolha é feita com base em parâmetros que determinam, para quem recomenda, o valor da obra. Esses parâmetros nem sempre são explícitos. Na maioria das vezes são velados. Esconde-se como forma estratégica para evitar o seu questionamento.

Ainda que nem sempre se tenha unanimidade em uma dada seleção envolvendo vários selecionadores, seja para qual finalidade for, é com a sua formação, sua subjetividade (conflitos pessoais, desejos, preconceitos, valores etc.), que alguém escolhe determinado tipo de obra para os outros. Essa(s) pessoa(s) faz(em) o exercício do poder.

A literatura, em suas inúmeras tentativas de definição e conceituação, constitui uma das instâncias discursivas mais importantes, pois atua na configuração do imaginário de milhões de pessoas. Textos literários, como vimos, chegam a ser impostos como leitura obrigatória em vários momentos de nossas vidas. Em outros são colocados à nossa disposição para que possamos escolher, nas vitrines e prateleiras das livrarias, em bancas de jornais ou nas bibliotecas. Essa disponibilidade de um livro ou qualquer outro material de leitura também é resultado de um ou de vários filtros. Filtrar significa reter algo e permitir que algo passe. Desde o conselho editorial até o balconista de uma livraria ou atendente de biblioteca, o texto pede passagem e dele são exigidos certos pressupostos. As editoras, por exemplo, têm o que chamam de "linha editorial", demarcadora dos parâmetros de suas exigências para os que nela procuram a publicação de seus escritos. Essa "linha" norteia a(s) mensagem(ns) a ser(em) veiculada(s) de forma impressa e em determinados formatos. Assim como existe a tal "linha" orientando o crivo (a escolha) entre os títulos a serem publicados ou não, também, posteriormente, haverá a seleção do que, estando disponível no mercado, deve receber o aval da publicidade ou da cumplicidade dos meios de comunicação e do Estado para redundar em leitura.

Neste ponto, sabedores de que a literatura alimenta o imaginário, podemos pensar naqueles que dela se vão nutrir.

Afora as leituras compulsórias, quando escolhemos o que ler, esse ato já é secundário. A disponibilidade do material já foi uma seleção, ou seja, nós escolhemos o já escolhido. As sucessivas seleções que antecedem a nossa foram feitas sem que pedíssemos. É entre apenas o que está disponível que podemos exercer a nossa limitada liberdade de escolha.

A edição de um texto, envolvendo todo um parque tecnológico e vários tipos de profissionais e produtos, necessita, entretanto, da materialidade do texto. Para tanto, é necessário que alguém esteja motivado para elaborá-lo.

Desse nosso percurso, chegamos à fonte primeira: o escritor. Estaria este livre para escrever o que lhe apetece?

A resposta é "sim". As aspas são para nos indicar cautela na afirmativa. E por quê?

A linguagem é algo que nos é imposto. Quando chegamos ao mundo, o código da nossa língua-mãe exige que nos adaptemos a ele, por mais que detestemos suas mais variadas regras. Assim, ele, o código escrito, depois do oral, exerce sobre nós a sua pressão. Os tipos de discursos já estão divididos, a gramática elaborada, e, o que é importante, um sistema de valoração implícito e os seus modelos respectivos.

O elaborador do texto encontra, portanto, já abertas e asfaltadas, as ruas que pode percorrer, com as leis de trânsito em vigor e suas respectivas sanções. Em última instância, há uma ordem preestabelecida. Desde os bancos escolares vamos recebendo, nas dosagens do aprendizado, aquilo que podemos (devemos) fazer com a escrita e com a fala. Sabemos desde o princípio que teremos de pagar o preço de toda e qualquer infração, desde a simples repreenda corretiva ou uma ridicularização até uma reprovação que vai determinar nosso futuro ou uma condenação à morte. "O peixe morre pela boca" é um ditado que nos alerta acerca do necessário cuidado que devemos ter com as palavras, não apenas seu conteúdo, mas, também, a sua forma. Ou seja, há uma expectativa em relação à maneira como vamos utilizar o instrumento que nos foi legado e imposto.

No campo específico da literatura escrita (já que ela é um determinado tipo de discurso, tipificado principalmente pelos críticos e teóricos de várias épocas e lugares, e, fundamentalmente, por escritores), e particularizando o Brasil, a matriz europeia é predominante. Nossa produção, nesse campo, nasceu, desenvolveu-se e continua seu curso tendo como paradigma a produção europeia. Dizer "branca", nesse caso, é redundância. Imitar, citar, ler, comentar autores europeus sempre trouxe e traz aura de respeitabilidade para quem assim age e para o trabalho que porventura desenvolver. Verniz ou conteúdo absorvido, o fato é que o chamado cânone literário predominante no Brasil é de estofo europeu. O país mais poderoso do mundo, os Estados Unidos, veio depois, mas dificilmente desbancará a aura de um Shakespeare.

Qual a margem de negociação para quem deseja furar o bloqueio que o cerca no ato da construção de seu texto? Pagar o preço pela ousadia de tentar propor a mudança de hábitos de escrita cristalizados e pagar o preço pelo conteúdo não desejado pelas instâncias de poder estabelecidas na área.

Se a capoeira, as religiões de origem africana e outras tantas manifestações foram reprimidas pela polícia, para com a escrita (como já vimos, uma forma de poder) e especificamente a poesia e a ficção (maneiras de se pôr em movimento ideias e emoções, chegando ao arrebatamento) não seria diferente. Na outra ponta da produção de seu texto, a leitura, o escritor negro sabia e sabe que está o branco em seu papel como editor, crítico, professor, jornalista, livreiro ou simples leitor. Não havia e não há como não pensar nisso. Sem dúvida, tal situação mudou ao longo do tempo. Nem todo branco é racista. Nem todo crítico, jornalista, professor, livreiro ou leitor é branco. Mas, estatisticamente, a situação não se alterou muito.

Quando o escritor negro, pela primeira vez, quis dizer-se negro em seu texto, deve ter pensado muito na repercussão, no que poderia atingi-lo como reação ao seu texto. Dizer-se implica revelar-se e, também, revelar o outro na relação com o que se revela. O branco, como recepção do texto de um negro, historicamente foi hostil. Vencer essa hostilidade lastreada na postura de quem não se dispõe a dividir o poder com alguém que, por quatro séculos, teve o mínimo de poder é a grande aventura do escritor negro que se quer negro em sua escrita. Entretanto, acomodar-se a essa hostilidade pode ser uma estratégia ou uma renúncia. Ou seja, não dizer-se negro para ser mais bem aceito e, assim, sofrer menor restrição social, é um caminho trilhado por muitos negros que escreveram e escrevem. Afinal, de onde vem esse "dizer-se negro"? Seria uma estratégia de *marketing*, uma veleidade, uma limitação para dizer-se diferente?

Vejamos alguns poucos exemplos:

Sou Negro
meus avós foram queimados
pelo sol da África
minh'alma recebeu o batismo dos tambores
atabaques, gonguês e agogôs.
[...]

(Trindade, 1961, p. 42)

[...]
Quando esse fluxo mensal poético
Inunda meu sistema nervoso
Neste corpo cheio de poros sei muito bem do meu osso
Sou Rosa Negra, quase parente do cactus
Existo eu exuberância e persistência
[...]

(Tereza, 2007, p. 33)

[...]
sem vírgulas sem ausências
sou negra balacobaco
sou negra noite cansaço
sou negra
        ponto final

(Rufino, 1988, p. 88)

Não sou um bicho, um caso raro
ou coisa estranha
Sou a serpente venenosa: bote pronto
Eu sou a luta, sou a fala, o bate-pronto
Eu sou o chute na canela do safado
Eu sou um negro pelas ruas do país.

(Correia, 1998, p. 92)

Ser negra
Na integridade
Calma e morna dos dias

Ser negra
De carapinhas,
De dorso brilhante,
De pés soltos nos caminhos
[...]

(Guimarães, 1988, p. 144)

Eu sou negro sim sou negro
E não admito chacota
Minha cor é linda firme
É saúde e não desbota

(Assumpção, 1992, p. 7)

Sou negra como a noite
Ou um olhar sem visão
Trago ainda do açoite
Bem viva recordação
[...]

(Leme, [1983], p. 6)

Sou negro
Negro sou sem mas ou reticências
Negro e pronto!
Negro pronto contra o preconceito branco
[...]

(Cuti, 1978, p. 9)

[...]
Sou filho do barro
Filho da lama escura da Mãe África:
A primeira mulher
O primeiro homem neste Dia da Criação.
Américas,
Eu sou negro:
A Matriz da raça humana.

(Ferreira, 2004, p. 50)

Esses poetas não dizem que são negros por imitação à Negritude da década de 1930, em Paris. Não. Eles são todos brasileiros e sabem da importância de se dizerem negro-brasileiros. E por que, se ninguém está perguntando? Não é nenhuma pergunta que eles respondem. Eles contradizem uma afirmação. Qual? De que "negro" é isso e aquilo de ruim, de negativo etc. Eles estão afirmando que não são o que os brancos, por meio da estereotipia, criaram para o próprio deleite e afirmação da branquitude. Esses poetas estão dizendo que são o que são e não isso e não aquilo que para eles foi inventado; estão dizendo que detêm o controle do próprio destino e propondo outro discurso. Essa afirmação é importante para o processo de tomada de consciência e para manter a disposição de seguir adiante com entusiasmo.

Wole Soyinka, escritor nigeriano, teve sua frase de efeito – contrária à Negritude e à sua insistente afirmação do ser negro – bastante difundida entre os que pretenderam e pretendem, entre outras coisas, dizer aos negros: "Calem-se!". A frase foi a seguinte: "Um tigre não fala sobre a sua tigretude, ele salta sobre sua presa para devorá-la". "Tigre não fala", teria dito, na oportunidade, o poeta Léopold Senghor. Mas ninguém deu ouvidos. A frase de Soyinka angariou um fã-clube de "tigreiros" em todo lugar por onde a Negritude incomodou e, até hoje, lança-se mão desse "Cala boca, negro!", pronunciado por um genuíno negro-africano. Se o "tigre" tivesse a sua "tigretude" negada ou se dissessem que ele era uma gazela, certamente, para não se tornar um nada, nem o que não é, ele teria aprendido a falar para dizer: "Sou um tigre", e comeria a sua presa com muito mais prazer. Por isso, ouçamos Senghor: "Tigre não fala". E também leiamos Márcio Barbosa:

> quando o opressor
>   diz "negro!"
>   quer dizer feio
>   e burro e pobre no meio
> [...]
>
> nós que somos parte
>   dizemos "negro!"
> não só como quem dança
>   como quem tem arte

dizemos "negro!"
>como quem perdeu o medo
como quem tem um segredo

falamos da força vital
>que é a nossa teia
cantamos o axé ancestral
>que está em nossas veias

(Barbosa, 2002, p. 112)

O dizer-se "negro", além de desdizer o que foi dito, é um dizer-se: "Sou humano!". O espanto que fica é: "Alguém disse que não?". A pergunta suscita a resposta "sim" e nos conduz direto para o primeiro passo da consciência despertada com essa afirmação: "Então, o racismo existe e não podemos negar sua existência nem cruzar os braços diante dele!". É isso que muitos daqueles situados no limiar da hipocrisia e da farsa de uma mestiçagem milagrosa detestam. Quando percebem que não se está dando trégua às artimanhas das teorias racistas no tempo, isso os incomoda. Bombardear as identidades que confrontam essa falsa paz racial que domina um mundo edulcorado pela mídia é a missão daqueles; pregar que as teorias racistas estão sepultadas é a ilusão precoce que tentam vender para os negros. Como vimos, igual a um camaleão, tais teorias tentam se adequar ao momento presente, dele extraindo o máximo teor de seus disfarces.

Do ponto de vista literário, reunir a produção de autores apenas por terem pele escura, independentemente de seus textos, camufla um viés teórico: o estudo do autor para revelar a obra. Estudar o autor é buscar na pessoa o texto.

Houve um tempo em que a antropologia precisava lançar mão de exemplos de letrados negros para rebater as teses racistas que se diziam científicas[9]. Aí, todo indivíduo letrado, com a pele "tisnada", era motivo para juntar seu texto, quase sempre "tisnado", para compor um conjunto. Para um recorte literário, de que vale a pele escura do autor se seu texto se constitui em uma constante invisibilização do teor simbólico de sua pele e de suas características fenotípicas? Para se demonstrar determinadas constâncias textuais negro-brasileiras, nada significa. A pele do autor pode, sim, nortear a pesquisa, a busca de uma literatura que a tome como simbologia em um contexto social. Relacionar autores negros e mulatos que não se pronunciaram como tal, ou ficar de seus textos amigalhando indícios pálidos de uma consciência negro-brasileira parece-nos um esforço vão ou uma persistência crítica autoritária que exige do escritor negro ou mestiço que se pronuncie como tal. Um escritor negro é livre como qualquer outro para tocar nesse ou naquele ponto da realidade como tema, incluindo aí a sua subjetividade. Pode escolher por mantê-la à margem ou não pronunciada no que escreve. E deve ser respeitado nessa sua opção, seja ela consciente ou uma fuga inconsciente. Em literatura, o que vale é o que está escrito e publicado por qualquer meio, e não o que ficou na gaveta ou no imaginário do escritor, a menos que tenha havido um registro do desejo de realizar, como o fez Lima Barreto no *Diário íntimo*. E pronunciar-se negro é escolha.

....

9. Um exemplo é o capítulo XI, "O negro nas letras e nas ciências", da obra *O negro na civilização brasileira*, de Arthur Ramos.

Impedir alguém de expressar-se pode ser um ato praticado de várias maneiras. Por todo o período da escravização no Brasil e no mundo, a expressão do escravizado ficou tolhida. Aliás, calar o outro é uma das táticas para dominá-lo. A violência colonial serviu para impor limites à expressão dos escravizados. Esse silêncio impositivo atravessa o tempo, naturaliza-se. A feição do racismo à brasileira se pauta por silenciar os discriminados. Essa ideologia vai se imiscuir também na avaliação da arte.

A iconografia do tempo da escravidão não nos traz nenhuma imagem de revolta dos escravizados. Tão somente os pintores da época, em geral estrangeiros, pintaram o escravizado cumprindo ordeiramente sua função no trabalho forçado, sendo vendido como coisa, sendo espancado e divertindo-se nas horas vagas. Onde está a revolta na imagem que temos hoje do século XIX e anteriores? Onde estão as imagens dos quilombos ativos? Há, portanto, um vazio, que acaba significando a não existência da reação dos escravizados. Este vazio proposital quis fazer o futuro acreditar que o passado nas fazendas escravistas foi pacífico por parte do oprimido. A ausência de imagens revoltosas tenta provar a passividade dos africanos e de sua descendência no Brasil. É um vazio da ideologia racista, esta mesma que impôs o silenciamento da expressão negra no passado por meio da violência, justificando-se pela necessidade da ordem e do progresso da nação.

A censura, quando introjetada, torna-se autocensura. O sistema repressor passa a contar com a própria energia do reprimido, que age contra si mesmo. O próprio oprimido tentará justificar a sua contenção internalizada como qualidade que transfere para aquilo que consegue expressar.

A produção intelectual enfrenta pressões do meio em que se realiza. A pressão da ideologia racista sempre procurou minimizar a importância da discriminação racial e seus efeitos nos discriminados e nos próprios discriminadores. O silêncio imposto a respeito das relações raciais no Brasil foi enfrentado nos vários campos do saber. No tocante à literatura propriamente dita (ficção e poesia), os brancos procuraram cristalizar a ideia de relações pacíficas sem qualquer estranhamento por parte do discriminado. Formados nesse diapasão e mais bem aceitos quanto mais a ele adiram, escritores negros manifestam em seus textos as tensões da autocensura racista.

O fenômeno da censura sempre exigiu a conformidade dos meios de comunicação. Nos quase vinte anos de ditadura militar, de 1964 a 1982, por exemplo, a própria imprensa brasileira teve de apelar para recursos, como a metáfora, para dar suas notícias. Eufemismos também foram bastante empregados como forma de ludibriar os órgãos oficiais de censura. Nessas circunstâncias a arte possível tende a se tornar cifrada.

A censura aos negro-brasileiros é secular. Nessa circunstância histórica, desenvolvem-se também formas camufladas de identidade negra, aquelas que se escondem atrás do folclore e da tradição negro-africana, assim como fizeram os orixás se esconderem atrás de santos católicos no candomblé e na umbanda. A essa identidade reprimida associam-se os brancos em busca de aspectos meramente formais das manifestações culturais para colorir suas obras de uma popularidade vazia e exibir uma suposta autenticidade nacional. Em geral, surgem expressões artísticas que primam pelo distanciamento do "eu" literário da matéria trabalhada. Normalmente, os textos buscam mostrar uma harmonia racial brasileira, a ingenuidade cultural de matriz africana e, muitas vezes, mergulham no hermetismo, tornando impossível sua leitura no confronto com a realidade. Atrás dessas manifestações, como seu sustentáculo, estão as teorias estéticas que consideram a literatura e a arte em geral algo que tem fim em si mesmo, que não se prende ao tempo histórico, que a ele transcende para atingir a atemporalidade. Contando com uma parte da crítica estética instituída na sociedade, manifestações desse tipo são pinçadas para servir de exemplo de "boa" realização estética, sendo legitimadas pelo silêncio ideológico.

O escritor debate-se consigo mesmo naquilo que tenta alcançar como liberdade de expressão. Sua obra é também o resultado dessa luta interna, na qual as concepções estéticas estarão sempre atreladas ou em confronto com a ideologia dominante.

As tradições de origem africana, pelo seu caráter próprio de preservação de formas antigas, apartadas da história presente, serão matéria preferencial daqueles que optam pelo atrelamento ideológico que impõe o silêncio sobre as zonas de conflito. Essa produção encontra na postura antropológica preservacionista seus fundamentos. Nesse ponto é preciso também destacar os autores fenotipicamente negro-brasileiros ou mulatos, cujos textos passarão bem distantes das questões atinentes às relações raciais, ficando ancorados na tradição. São aqueles que, ao fazer sua arte, desistem de sua identidade negro-brasileira ou mantêm-na tão apagada que só o princípio da cor da pele do autor pode incluí-los como negro-brasileiros ou afro.

Os aspectos formais herdados das tradições africanas, como o vocabulário, o ritmo, a recriação de tradição oral, fazem sentido se associados a um processo de consciência racial em franco desenvolvimento. O texto que se quer negro-brasileiro refere-se à vida e aos conflitos da população descendente de escravizados. Pode tão somente referir-se à cultura no sentido simplesmente formal, como se devêssemos retornar àquele auge do Parnasianismo, quando apenas o aspecto formal era o almejado. Eis aí o que pode ser uma literatura negro-brasileira contida ou afro-qualquer coisa.

Há, portanto, autores que afirmam sua identidade negro-brasileira, enfrentando as zonas de conflito em franca desobediência à ideologia do silêncio. Por outro lado, há aqueles que sussurram uma identidade dentro dos limites estabelecidos pela ideologia dominante, e aqueles autores completamente desidentificados.

Quando se trata de literatura, com todo o seu potencial de influência, o processo de desqualificação da produção negro-brasileira, percebe-se, está ativo há muito tempo.

A palavra "negro", nesse contexto, surge como o signo da ameaça. E não se trata de ojeriza às manifestações tradicionais de matriz africana. As manifestações folclóricas e religiosas, as lutas que viraram esporte, aquilo que foi ideologicamente abrasileirado, como as escolas de samba, nada disso incomoda tanto quanto a manipulação da palavra pelo negro como simbologia de sujeito em ação, seja na música, no palco ou na página.

Se a autocensura se pauta pela participação da própria vítima da censura, e a literatura de um grupo de escritores negros reage contra isso, necessariamente a produção destes não é feita para agradar a expectativa estabelecida como padrão, por princípio, nem a expectativa daqueles negros que fizeram do não se dizer negro a sua zona de conforto e garantia de convivência social sem enfrentamento ideológico, assujeitando-se ao chamado "racismo cordial".

Quanto à literatura propriamente dita, pode-se perceber nela o poder gerador da palavra "negro".

> [...]
> o eu fugitivo
> fez de seus olhos
> dois mortos surpresos
>
> a ironia das cores
> veste-lhe a vida
> com a viuvez da morte
>
> (Teodoro, 1978, p. 50)

A vítima da autocensura tem seu direito de permanecer calada e também de protestar contra a revelação do esconderijo criado em si mesma. Nessa segunda hipótese, o argumento estético é o mais usado.

5
Precursores

Se Luiz Gama, Cruz e Sousa e Lima Barreto exprimiram em alguns de seus textos o desconforto em face do preconceito racial, nas últimas décadas do século XIX e nas primeiras do século XX, o fizeram de forma isolada, afastados de qualquer organização coletiva com o mesmo sentido. Luiz Gama e Cruz e Sousa atuaram em prol da abolição da escravatura ao lado de brancos liberais. Lima Barreto aproximou-se de correntes de esquerda que iniciavam suas atividades no Brasil. Entretanto, do ponto de vista literário, foram solitários, em especial no empenho de sua afirmação racial ou crítica ao racismo.

Os citados autores, com base em suas experiências de serem racialmente discriminados, desenvolveram textos nos quais deixaram transparecer um posicionamento diferenciado pela constituição de um sujeito étnico negro. No interior do texto, portanto, percebe-se que o ponto de emanação do discurso reivindica para si a identidade com os discriminados e não com os discriminadores.

Luiz Gama   Cruz e Sousa   Lima Barreto

Entretanto, a figura do escravizado chamou a atenção de autores brancos (não necessariamente de pele, mas de subjetividade) para o contingente de pessoas que viviam submetidas àquele regime de exploração e degradação humana. A palavra certa é mesmo "figura", pois, com raríssimas exceções, a humanidade de tais personagens estará ausente de sua representação literária. A literatura brasileira de brancos vai se pautar pela tarefa de reforçar os estereótipos da vida cotidiana, cuja função era a de impedir a autoestima do africano escravizado e de sua descendência.

É de se perguntar o porquê de tal função. Seriam tais autores dotados de uma maldade congênita que os levasse à maquiavelicamente insistir na manutenção de miserabilidade da população negra? Não. Estavam, sim, imbuídos da crença na superioridade congênita da raça branca. Essa crença amenizava o significado da crueldade e do genocídio praticado para que eles auferissem vantagens diretas (é o caso dos filhos de escravocratas) ou indiretas (é o caso daqueles que auferiam privilégios por não serem discriminados). A institucionalização de um regime naturaliza suas práticas violentas, mas não anula completamente a consciência moral. A esta apelaram os abolicionistas que, no pós-Abolição, abandonaram os egressos do cativeiro à própria sorte, e certamente muitos daqueles foram compor o grupo dos racistas pragmáticos.

A literatura negro-brasileira contou, assim, com os textos de autores brancos em seu prelúdio como via paralela de falar do negro sem se posicionar como tal no discurso, por meio da construção de personagens negras ao sabor de uma necessidade de afirmar as próprias ilusões dos autores ou mesmo da busca de uma expiação de culpas. As linhas gerais de tal produção literária promovem a ideia de inferioridade racial, desajustamento psíquico e moral, características avessas à beleza, sexualidade desenfreada e, paradoxalmente, ingenuidade e passividade da personagem negra. Trata-se de uma construção imagética para consumo e apaziguamento do leitor branco, levando-o a justificar para si mesmo a situação social de miserabilidade da população negra, experimentando o reforço das ideias de hierarquia racial, ao mesmo tempo o sentimento de aversão, e, em certos casos, de comiseração, pois quando o leitor tem pena da personagem sente-se superior a ela.

O estudioso Raymond Sayers, em seu livro *O negro na literatura brasileira*, enumera diversos autores brancos que apresentaram personagens ou motivos referentes à descendência africana. Mas, além de apresentar as obras, o autor vai um pouco mais adiante, revelando como essas personagens são abordadas, resultando "um estoque de concepções e de caracterizações como a da bela mulata, o negro fiel e o escravo sofredor"[10]. A partir de Gregório de Matos, a literatura brasileira vai elaborando, pelo viés de uma ideologia "brancocêntrica", os mais variados estereótipos[11] de negros. A par disso, alguma simpatia para com o escravizado violentado, ou, então, a elaboração de uma vertente trágica de saga da escravidão. Nessa vertente, Castro Alves é o grande autor, principalmente com seu livro *O navio negreiro*. Há muitos outros, cuja obra em algum momento derivou para os escravizados[12].

O divisor de águas na dicção negra se dá ainda em um momento anterior à poesia abolicionista que fez eclodir a obra de Castro Alves. São os versos de Luiz Gama que configuram um "eu" lírico negro. O autor traça um lugar diferen-

....
10. Sayers [1958], p. 17. O estudo daquele autor estende-se dos primórdios da literatura brasileira até o ano de 1888.
11. Sobre o termo, além de ser derivado das artes gráficas como a fixação, por caracteres móveis, de uma página a ser reproduzida, destacamos também que, a partir de tal noção, "O substantivo derivado começa a aparecer nas ciências sociais no início do século XX, por ocasião de uma experiência de Lippmann (1922), para quem os estereótipos são imagens prontas, que medeiam a relação do indivíduo com a realidade. Em seguida, a psicologia social e a sociologia viram neles representações coletivas cristalizadas, crenças pré-concebidas frequentemente nocivas a grupos ou a indivíduos" (Charaudeau; Maingueneau, 2004, p. 213).
12. Roger Bastide, em sua obra *Poetas do Brasil* (1997, p. 31), no ensaio intitulado "A incorporação da poesia africana à poesia brasileira", dá destaque a vários autores brancos cujos textos referiram-se, de alguma forma, à presença do negro na vida brasileira, mas que ficaram à sombra do poeta baiano: "A glória de Castro Alves eclipsou a de seus contemporâneos. Mas houve à volta do "poeta dos escravos", ou imediatamente após ele, todo um grupo de escritores que permaneceram exatamente na mesma etapa do movimento que examinamos: a do drama sociológico".

ciado de emanação do discurso, demarca um ponto de subjetividade não apenas individual, mas coletivo. Como diz Sayers, "é o primeiro poeta de cor a cantar seu amor por uma mulher de sua própria cepa e a rejeitar o amor de branca" (Sayers, 1958, p. 199). Mas, se isso é um dado importante para o autor norte-americano, a crítica brasileira do século XIX desdenhou, inclusive quando o poeta demarcou o território de sua identidade poética negro-brasileira na quarta estrofe de seu poema intitulado "Lá vai verso".

> Quero que o mundo me encarando veja
> Um retumbante Orfeu da carapinha,
> Que a Lira desprezando, por mesquinha,
> Ao som decanta da Marimba augusta.
>
> (Gama, 2000, p. 11)

Ao desprezar a "lira", por ser "mesquinha", o poeta faz a crítica à literatura do branco, por ser ela a negação da alteridade. E demonstra o desejo de que o mundo, ao encará-lo, veja "um *retumbante* Orfeu da carapinha". Apesar da ambiguidade de satirizar a si mesmo atendendo à expectativa do branco, Luiz Gama postou-se como negro ao realçar o lugar de onde se manifestava, a experiência subjetiva por meio da qual vazava seus versos, demonstrando algo que até hoje muitos escritores negros tergiversam: a vontade. Diz o poeta: "quero que o mundo me encarando veja". É a expressão da vontade que fez Luiz Gama assumir o lugar subjetivo para realizar alguns de seus textos. É a vontade coletiva que permite intelectuais negros romperem com a subserviência a uma expectativa branca, seja na área ficcional ou poética, seja na área da crítica.

Luiz Gama, tendo escrito em pleno Romantismo, não escaparia das injunções intelectuais de seu tempo. A idealização e a sensualidade, própria daquele estilo de época, também é a base para seu texto, no qual o autor refere-se à mulher negra. O poema recebeu o título de "Meus amores". A primeira estrofe declaratória já expõe sua opção de musa.

> Meus amores são lindos, cor da noite
> Recamada de estrelas rutilantes;
> Tão formosa crioula, ou Tétis negra
> Tem por olhos dois astros cintilantes.
> [...]
>
> (Gama, 2000, p. 243-245)

No corpo do texto, os índices "cor da noite", "formosa crioula" e "Tétis negra" são traços descritivos que não deixam dúvida. Não se trata da mulata, mas, sim, da mulher negra. O poeta, assim, transgride o código de então ao fugir da figura branca da mulher e ao escapar da estereotipia da mulata. Contudo, seu viés romântico segue o mesmo diapasão de representar a mulher como fêmea, pela descrição física excitante. Seus amores também encarnam a Eva pecaminosa, ante à qual o macho sucumbe. A ideia da beleza, do amor e da volúpia coloca tais "amores" no patamar canônico das musas de então. Nesse poema, embora não tenhamos nem o "eu" lírico explicitamente negro, nem os traços culturais de origem africana, mas, sim, de mitologia greco-latina, a opção descritiva e empática do texto revela o desejo manifesto por um objeto de sedução que, naquele momento, é rejeitado no seio da literatura nacional de brancos: a mulher negra. O poema foi publicado em pleno regime da escravidão (1865). Da mesma forma outros textos de Luiz Gama vão se referir a "madeixas crespas negras", "braços de ébano", "escuro e ledo o semblante" e demais termos que deixam viva em sua obra a preocupação de valorizar seu grupo racial pelos traços, bem como seus heróis, como "Calabar", título de um de seus poemas. Diga-se, entretanto, que Luiz Gama foi primordialmente um satírico da sociedade de seu tempo. Seus poemas negro-brasileiros não são a tônica principal de sua obra.

Quando Cruz e Sousa, o mais importante poeta simbolista brasileiro, escreveu a prosa poética intitulada "Emparedado", ainda no século XIX, flagrou a aversão que os não negros têm para com a questão da cor dos africanos e de seus descendentes. O texto demonstra o quanto esse contato recusado internamente faz parte de uma confabulação cultural ampla. O poeta antevê que o progresso da população negra e sua maior participação nas atividades até então destinadas apenas aos não negros (brancos e mestiços) enfrentarão as "paredes" que se elevam para barrar-lhe a caminhada e que tais obstáculos fazem parte do processo civilizatório europeu em expansão no mundo. O poeta lançou um forte grito de alerta contra a opressão racista. Ao final de seu texto descreve, empregando aspas – este detalhe é importante –, em que termos a "voz ignota" o ameaçará:

> [...] Se caminhares para a direita baterás e esbarrarás ansioso, aflito, numa parede horrendamente incomensurável de Egoísmos e Preconceitos! Se caminhares para a esquerda, outra parede, de Ciências e críticas, mais alta do que a primeira, te mergulhará profundamente

no espanto! Se caminhares para a frente, ainda nova parede, feita de Despeitos e Impotências, tremenda, de granito, broncamente se elevará ao alto! Se caminhares, enfim, para trás, ah! Ainda, uma derradeira parede, fechando tudo, fechando tudo – horrível! – parede de Imbecilidade e Ignorância, te deixará num frio espasmo de terror absoluto [...].

(Sousa, 2000, p. 673)

Trata-se muito mais que simples atitude individual. O racismo constituiu-se uma atitude coletiva de brancos para perpetuar a dominação sobre os negros. Difícil conseguir desvencilhar-se, sobretudo porque os preconceitos trazem fortes significados de privilégios.

"Emparedado" enumera "egoísmos, preconceitos, ciências e críticas, despeitos e impotências", os ingredientes do racismo.

As paredes que sobem, para emparedar o "eu" poético, quase personagem narradora, sedimentam-se pela reprodução diária de ideias e concepções racistas e pela prática (a discriminação física, histórica e cultural). Os dilaceramentos a que o "eu" poético se submete no transcurso do texto, eivados de pessimismo, alertam para a dimensão profunda do linchamento psicológico diário que sofre o indivíduo negro na sua aventura de ascender culturalmente por conviver com o branco. Ainda que seja um testemunho poético do século XIX, por meio dele pode-se pensar no que mudou na realidade do século XX e no século XXI.

Ainda que a dimensão da literatura negro-brasileira não se reduza à primeira pessoa do discurso ou ao "eu" lírico, são essas dimensões que primeiro traçam os caminhos de uma identidade, pois ao deslocar o foco da visão/emanação do discurso oferecem ao leitor, explicitamente, a gigantesca tarefa da reconstrução de um "eu" coletivo que teve a sua humanidade estilhaçada pela escravização e pelo racismo. Por isso, dizer-se negro e posicionar-se como tal no âmbito do texto é importante no contexto da literatura brasileira. Assim como Luiz Gama, Cruz e Sousa não realizou obra tendo como único enfoque seu posicionamento negro-brasileiro. A maioria de seus textos não é caracterizada por aquele posicionamento. Contudo, todo o texto traz seu subtexto, o que está implícito. Ao analisarmos o subtexto, muitas vezes surpreendemos a presença do "eu" poético ou do narrador negro-brasileiro. Vejamos seu poema "Caveira".

I
Olhos que foram olhos, dois buracos
Agora, fundos, no ondular da poesia...
Nem negros, nem azuis e nem opacos.
Caveira!

II
Nariz de linhas, correções audazes,
De expressão aquilina e feiticeira,
Onde os olfatos virginais, falazes?!
Caveira! Caveira!!

III
Boca de dentes límpidos e finos,
De curva leve, original, ligeira,
Que é feito dos teus risos cristalinos?!
Caveira! Caveira!! Caveira!!!

(Sousa, 2000, p. 117-118)

Ao realçar a "expressão aquilina" (de águia), para o nariz, e para os lábios a "curva leve", o poeta está criando, no subtexto, o seu interlocutor. Nariz e lábios finos são características fenotípicas europeias, então valorizadas na literatura brasileira. A elas o poeta acena com a morte que não fará distinguir também os olhos ("nem negros, nem azuis, nem opacos"). Os traços diferenciadores, que servem de base para a discriminação racial, são destruídos pela consciência implacável da morte. Dessa forma, se não se exprime explicitamente com sua subjetividade negro-brasileira, esta é que o permite realizar, nos interstícios do texto, seu ataque à ideologia da brancura. Assim o fará em diversos outros poemas em verso, poemas em prosa e prosa poética. Sua consciência racial muitas vezes se faz latente nas zonas mais profundas de sua obra. Nesse caso, é necessário posicionar-se com base em uma subjetividade negro-brasileira para reconhecer a tarefa desta vertente da literatura nacional quando, por exemplo, em "Anho branco", o autor destaca que a "incomparável brancura magnetizava os sentidos como eflúvios de óleos exóticos e místicos vaporosamente queimados..." (Sousa, 2000, p. 547) e, em seguida, demonstra o desejo de destruir o símbolo encarnado daquela mesma brancura:

[...] enfim, a candidez e brancura suave das pompas da carne virgem despertariam nos temperamentos violentos, selvagens, anseios intensos, acordariam o gozo idiossincrático, não de desvirginá-la, de violá-la, na brutalidade feroz dos instintos, mas de a morder, de fazer sangrar à faca, com volúpia, com febriciante paixão, carne tão odorante, tão balsâmica, tão lirial e nevada, engolfando saciadoramente nela o aço fúlgido e rijo, rasgando-a com a lâmina acerada e aguda em talhos veementes, vivos, gritantes de sangue fresco e fumegante, escorrendo, gotejando rubinosos vinhos de aurora, toda ela flagrantemente aberta numa esdrúxula floração boreal.

(Sousa, 2000, p. 547)

A veemência do texto que talvez possa provocar o asco, pelo sadismo que expressa, destrói o ideal de candidez e superioridade da brancura que é veiculada anteriormente. A duplicidade negro/branco em Cruz e Sousa levou Roger Bastide a escrever os ensaios intitulados "A nostalgia do branco" e "A poesia noturna de Cruz e Sousa"[13].

A consciência de linguagem de Cruz e Sousa levou-o, portanto, não somente a obliterar a significação sacralizada da brancura – na qual por diversas vezes sua escrita acaba por sucumbir –, mas também, no polo oposto, a elevar a simbologia da negrura, como no seu poema em prosa "Noite", metáfora importante que chegou ao século XXI sendo retomada por diversos poetas. Positivando sua significação, o "eu" poético chega a exaltar a simbiose com ela:

Tu apagas a mancha sangrenta da minha vida, fazes adormecer as minhas ânsias, és a boca que sopras a chama do meu desespero, és a escada de astros que me conduzes à minha torre de sonho, és a lâmpada que desces aos carcavões da minh'alma e fazes desencantar, caminhar e falar os meus Segredos...

(Sousa, 2000, p. 540)

No final do texto, surgem as "brancas noivas gigantes encantadas e mortas" para traduzir a presença da lua. Mais

....
13. Bastide, 1973, p. 61-73.

uma vez o signo da brancura surge sem vida. Essa corrosão veiculada em vários textos de Cruz e Sousa dá a dimensão de seu difícil processo de consciência de linguagem, mas que se faz à revelia de uma pretensa ciência racista que comandava as mentes branco-brasileiras do período e que o influenciou também. A luta com a palavra o fez admitir a necessidade de ressemantização da cor negra, na prosa poética intitulada "Adeus", ao descrever os olhos da personagem Zulma:

> Qualquer coisa de prodigioso fazia flamejar os teus olhos negros, negros, negros até à fadiga, até ao pesadelo, até à saciedade, negros, intensamente negros até ao tenebroso requinte da cor negra, até aos profundos tons exagerados, até a uma nova e inédita interpretação visual da cor negra.
>
> (Sousa, 2000, p. 554)

A linguagem souseana ora dá relevo a um processo de sublimação, ora explode em grandiloquência. Herdando o arrebatamento do movimento romântico, explora os temas do mistério e da transcendência próprios do Simbolismo. Mais comedido nos versos, na prosa, pela via da prosa poética chega ao ápice do verbo incandescente e catártico.

Também na obra de Lima Barreto vamos encontrar os momentos explosivos, nos quais a indignação mostra-se em uma dor que dá o tom do texto. Quando, a respeito do seu romance *Recordações do Escrivão Isaías Caminha*, o escritor ressaltou o objetivo de escandalizar, certamente pretendeu chamar a atenção para o lugar diferenciado de onde partia seu discurso literário. Assim, para Luiz Gama e Cruz e Sousa e também Lima Barreto não interessava o silêncio, o acobertamento completo de sua psique, porque o silêncio abafa e impede a realização de uma das funções básicas da literatura: a catarse[14], e, no caso, a catarse do povo negro, que encontra também na literatura um caminho aberto para reconhecer a si mesmo, por meio da purgação da histórica humilhação sofrida e do expurgo de seus fantasmas criados pela discriminação racial. Esse processo de contatar os próprios conflitos é prenúncio da superação, como o faz a personagem de Lima na obra anteriormente citada:

– E o caso do Jenikalé? Já apareceu o tal "mulatinho"?
Não tenho pejo em confessar hoje que quando me ouvi tratado assim, as lágrimas me vieram aos olhos. Eu saíra do colégio, vivera sempre num ambiente artificial de consideração, de respeito, de atenções comigo; a minha sensibilidade, portanto, estava cultivada e tinha uma delicadeza extrema que se juntava ao meu orgulho de inteligente e estudioso, para me dar não sei que exaltada representação de mim mesmo, espécie de homem diferente do que era na realidade, ente superior e digno a quem um epíteto daqueles feria como uma bofetada.

(Barreto, 1956b, p. 110)

....

14. Descarga emocional e de sentidos, ocorrida no transcurso da fruição de uma obra de arte, que possibilita ao espectador, ouvinte ou leitor, por meio de um processo de identificação com os conflitos das personagens, aliviar seus próprios conflitos e até mesmo vislumbrar soluções, após o término da comoção. O termo usado inicialmente por Aristóteles, na obra *Poética*, fazia referência à catarse tão somente para a representação cênica de uma tragédia, ante a qual o espectador experimentaria o terror e a piedade e, assim, produziria a purificação de seus próprios sentimentos. Termo oriundo da medicina, ganhou também significado para a psicanálise, com o sentido de se reviver os acontecimentos traumáticos a fim de eliminar seus afetos patogênicos.

No trecho citado, a personagem promove o seu autoconhecimento, analisando a maneira como estava acostumada a ser respeitada no ambiente doméstico e o choque com o tratamento que lhe dispensam no local de trabalho. Ao revelar seu interior, a personagem contribui para que se veja um universo muito pouco conhecido na literatura brasileira: os sentimentos dos negros e mestiços em face das agressões racistas.

Pela palavra, respaldada pela força, a discriminação realiza seu intento de alijar o segmento negro-brasileiro da sociabilidade, mantendo-o nas margens. Às investidas, tanto diretas quanto sugeridas ou suscitadas, o sujeito étnico negro-brasileiro far-se-á presente não apenas para mostrar sua sensibilidade, mas também para expor seu vigor contrário à agressão racista, mesmo no plano exclusivamente subjetivo. No seu *Diário íntimo*, Lima Barreto deixou-nos este momento de revolta:

> Na estação, passeava como que me desafiando o C.J. (puto, ladrão e burro) com a esposa ao lado. O idiota tocou-me na tecla sensível, não há negá-lo. Ele dizia com certeza:
> – Vê, "seu" negro, você me pode vencer nos concursos, mas nas mulheres, não. Poderás arranjar uma, mesmo branca como a minha, mas não desse talhe aristocrático.
> Suportei o desafio e mirei-lhe a mulher de alto a baixo, e, dentro de alguns anos, espero encontrar-me com ela em alguma casa de alugar cômodos por hora.
>
> (Barreto, 1956a, p. 46)

Da interpretação das atitudes do outro a uma desforra psicológica autorreflexiva, a postura da personagem narradora é a de quem aprendeu a detectar as nuanças sutis da discriminação racial e a não se render a elas. Isso só é possível porque o autor Lima Barreto assumiu o ônus de mostrar e impor sua posição e permitir que o sujeito negro-brasileiro de seu discurso se fizesse sem maiores subterfúgios, inclusive as culturais.

Lima Barreto teve sucesso com o romance exatamente quando abandonou a perspectiva de um narrador sensível e acusador em face do racismo. *Triste fim de Policarpo Quaresma* é uma narrativa na perspectiva da terceira pessoa retratando um homem branco ingênuo na sua busca de identidade nacional a partir de suas iniciativas e experiências individuais. Todavia, mesmo nessa obra como em outras nas quais o sujeito étnico negro-brasileiro se esconde, é possível detectar a sua latência. A busca de identidade nacional com base em uma consciência ingênua vai de encontro à realidade decadente das instituições, da sociedade e do governo extremamente ridicularizado na figura histórica de Floriano Peixoto, o presidente. Lima demonstra não acreditar na ingenuidade de se buscar, tão somente nos valores culturais indígenas e negro-brasileiros, a identidade nacional sem que se ataque de frente as contradições gritantes no contexto social em que as disparidades econômicas se colocam opostas ao sonho de uma sociedade equilibrada. O trabalhador contratado por Policarpo para cuidar de seu sítio traz em si as marcas da escravidão, algo que não é percebido pelo herói ingênuo. No empregado e na velha a quem Policarpo recorre para registrar uma cantiga folclórica fica evidente um olhar outro, uma experiência subjetiva diferenciada, por mais que não seja a predominante na obra.

Precursores por essa razão (assumir o "eu" negro-brasileiro na perspectiva poética ou narrativa), os três autores citados constituíram um conjunto de textos primordiais para a assunção de uma perspectiva histórico-literária que evoluirá seus passos para a ideia de um coletivo de autores que, por mais disperso que seja, firmará a vertente negra da literatura brasileira, a literatura negro-brasileira.

Maria Firmina dos Reis, com seu romance *Úrsula*, seguiu o mesmo diapasão branco-brasileiro na abordagem das cenas da escravidão: o flagelo e sua consequente comiseração. Entretanto, a inauguradora feminina do romance brasileiro não deixou de transferir para suas personagens escravizadas a perspectiva de um "eu" narrador negro-brasileiro que ela não pôde trazer para o primeiro plano. *Úrsula* não tem como personagens centrais os escravizados. Estes, bem como sua saga, restam como pano de fundo para um romance entre brancos. Coadjuvante, a personagem Túlio surge para salvar da morte o protagonista branco. A sua descrição humaniza-o. As primeiras palavras dão o tom da narradora:

> Esse alguém, que pouco a pouco avultava, era um homem, e mais tarde suas formas já melhor se distinguiam. [...] O homem que assim falava era um pobre rapaz, que muito parecia contar vinte e cinco anos, e que na franca expressão de sua fisionomia deixava adivinhar toda a nobreza de um coração bem formado.
>
> (Reis, 2004, p. 21)

A gradação continua até demonstrar ser a de escravo a condição da personagem:

O sangue africano refervia-lhe nas veias; o mísero ligava-se à odiosa cadeia da escravidão; e embalde o sangue ardente que herdara de seus pais e que o nosso clima e a servidão não puderam resfriar, embalde – dissemos – se revoltava porque se lhe erguia como barreira – o poder do forte contra o fraco!...

(Reis, 2004, p. 22)

Nesses pequenos trechos, a qualidade de "nobreza de um coração bem formado" chega a "fraco", apelando para a comiseração própria da literatura abolicionista para acusar a violência do cativeiro, no entanto traz a ideia do "sangue ardente que herdara de seus pais". As teorias racistas insinuam-se, com a projeção da suposta inferioridade atávica que não pôde ser resfriada.

Em um trecho comparativo, entre a personagem branca e a negra, Eduardo de Assis Duarte observa que "*o negro é parâmetro de elevação moral*. Tal fato constitui em verdadeira inversão de valores numa sociedade escravocrata"[15].

No conto "A escrava", a autora revelou mais precisamente sua condição de autora mestiça negro-brasileira sensibilizada para com o processo da Abolição. A história é narrada pelo prisma de uma senhora abolicionista. Trata-se de um drama de mãe perseguida que, por fim, morre ao lado do filho, também escravizado, narrando a perda anterior de dois outros filhos, arrancados de seus braços pelo seu proprietário, o que a fez enlouquecer. Ao final, a senhora bondosa compra a alforria do jovem, enfrentando

....
15. "Maria Firmina dos Reis e os primórdios da ficção afro-brasileira", 2004, p. 273.

seu dono. A narração aprofunda o drama dos escravizados, por uma situação melodramática, aos moldes de um abolicionismo pioneiro. Mesmo pelo prisma de uma mulher branca, que narra a história em um salão para outras amigas, a humanidade das personagens é realçada com simpatia, permitindo ao leitor não apenas ser levado pela comiseração, mas também confrontar-se com o tolhimento da humanidade dos escravizados, o que, na perspectiva do tempo, deve ser considerado. O livro é de 1859, mesmo ano da publicação das *Trovas burlescas de Getulino*, de Luiz Gama.

Maria Firmina dos Reis, Luiz Gama, Cruz e Sousa e Lima Barreto são exemplos do isolamento estético-literário no quesito subjetividade negro-brasileira. Este isolamento impediria, ainda por décadas, no bojo do século XX, o início de uma específica consciência coletiva no campo literário. O fato se deu por conta de os autores negros não terem perspectiva positiva quanto à recepção de seus textos, ou, ainda, terem de fazer concessões temáticas para tentar inserir-se no mundo literário restritivo dos brancos.

Podemos destacar no início do século XX o poeta Lino Guedes, que fazia circular seus livros entre os pares de agremiações negras de então. Sua obra, hoje rara, foi escrita em linguagem simples. Em *Mestre Domingos*, livro de 1937, o poeta ressalta a importância da transmissão do saber desde os tempos do cativeiro:

Mestre Domingos, escuta
Os filhos do teu Senhor
Tu levaste para a escola
E na senzala com amor

Foste de todos os pretos
Um amigo e professor.

(Guedes, 1937a)

Lino fez poemas da vida cotidiana da gente humilde. Seu comprometimento direto com sua gente pode ser detectado em duas dedicatórias de dois livros, consecutivamente *Pequeno bandeirante* e *Negro preto cor da noite*. No primeiro, referindo-se aos que lutaram na Legião Negra, batalhão paulista na Revolução de 1932, depois de enaltecer o patriotismo do grupo, acrescenta:

Os negros (abnegados defensores do Brasil, em todos os tempos) são, em geral, gente pobre, que vive à margem das riquezas e dos confortos da civilização. Para eles, na sua humildade anônima, pouco se lhes devia dar que tivéssemos uma Constituição ou sofrêssemos uma ditadura. Em qualquer caso eles labutam da mesma maneira pela vida, nos seus porões escuros e sem ar, ou nos seus casebres, sem outras perspectivas além das que se reservam aos infelizes que trabalham de sol a sol. Entretanto, ao apelo de São Paulo, em prol da Constituição e da liberdade, eles se apresentaram em massa, ofertando o seu sangue com uma generosidade tanto mais comovente quanto é certo que não esperavam prêmio nenhum, a não ser o da alegria de quem cumpre um dever cívico. Bons paulistas e bons brasileiros, aos pretos da "Legião Negra", de então, exemplo de patriotismo desinteressado, que lutaram pela honra de lutar – essa porção sonora de mim mesmo.

(Guedes, 1937b)

O tom é de quem está identificado com seu destinatário, elevando-lhe a importância no episódio da Revolução de

1932. Chama a atenção para o patriotismo de seus patrícios, com a intimidade de quem, mesmo não apresentando a identidade de seu "eu" autoral, eleva a importância histórica e humana dos seus, expondo-lhes a abnegação.

Em *Negro preto cor da noite*, com jocosidade vai revelar a adesão aos seus:

> Oh, negrada, destorcida!
> que não quer não outra vida
> Melhor que esta de chalaça,
> por entre fumo e cachaça;
> Pra você, negrada boa,
> que chamam de gente atoa –
> alinhavei tudo isto.
>
> O que aqui está escrito
> Não conseguirá saber
> porque ninguém sabe ler...
> Isto muito desconsola,
> Oh, getulina pachola,
> que transforma o velho Piques
> na estranha zona dos chics,
> dos trucofechas, dos bambas
> e dos sarados nos sambas.
> Pra você, oh! negrada,
> Carro de preso não é nada,
> Nem assusta a Resistência!
> Zé-povinho sem tenência;
> toma, gente do barulho,
> este livrinho – um entulho
> à sua malemolência,

o qual falará da dor
desta infeliz gente negra,
gente daqui da pontinha,
desgraçada gente minha,
A gente do meu amor!

(Guedes, 1936)

O final do texto expõe o "eu" poético na sua declaração de identidade: "desgraçada gente minha/A gente do meu amor!" Também os versos em que dedica o "livrinho" mostram proximidade e afeição de um "eu" comprometido com os seus. Cronista da vida urbana dos negros no pós-Abolição, com sua forma poética de linguagem simples, Lino erige a população negra como destinatária de seu discurso e motivo poético e, no indeterminado, vislumbra a discriminação racial: "Pra você, negrada boa,/que chamam de gente atoa – alinhavei tudo isto". É possível vislumbrar o nascimento de um horizonte onde inicia-se uma nova jornada de expectativa e possibilidade: o olhar do leitor negro.

6
Identidade por dentro

A questão identitária prossegue seu turno, apesar das críticas, como necessidade de dar vazão ao instinto gregário do ser humano. Entretanto, se uma pessoa não tem identidade alguma, ela não tem parâmetros nem desejo para transformar o mundo em um lugar melhor para se viver. Ocorre que há identidades na história da humanidade que serviram e servem para a destruição das pessoas e do planeta. Nestas situam-se não só as identidades étnicas e religiosas, mas, sobretudo, as nacionais. As duas Grandes Guerras são exemplos de como a manipulação de tais identidades pode levar ao fanatismo. Contudo, se toda identidade pode ser questionável, viver sem identidade alguma seria cair na anomia completa. Ao trilhar esse caminho, a angústia busca ancorar-se na neutralidade – que no entanto também não é neutra. Até a identidade mais geral que possamos encontrar, a de ser humano, exige de nós um empenho, uma tomada de consciência, sem a qual não podemos objetivar que as demais identidades que temos convirjam para ela.

Se as demais identidades fogem a essa convergência, dá-se a demonização do outro, do diferente, da alteridade, e a violência encontra plena justificativa e a identidade passa a ser presa fácil do fanatismo.

Será esse o caso da identidade de textos negro-brasileiros? O que anima os que os combatem é, antes de qualquer conceituação literária, o receio da vingança da descendência dos escravizados. O medo da vingança do negro é também alimentado constantemente pela produção cultural. As novelas de TV sobre o tempo do escravismo, os respectivos filmes e imagens da violência urbana, com protagonista negro, reforçam a fantasmagoria da vingança iminente. Na contemporaneidade, a produção cultural que insiste em apresentar a personagem negra apenas como bandido traz esse substrato herdado daqueles que viviam na casa-grande: o medo da revolta da senzala. Daí que alguns críticos literários que desconhecem o que vem sendo essa produção negro-brasileira simplesmente se comportam como aquele que não leu e não gostou. Por se tratar de produção de negros, a ojeriza daquele descarta *in limine* qualquer possibilidade de análise. O argumento estético serve, nesse ponto, para escamotear o racismo subjacente.

Não cumpre julgar um escritor quanto à sua identidade racial. O que envolve qualquer identidade é a possibilidade de pensar-lhe as motivações e impedimentos projetados nos textos, pois elucidam aquilo que expõem e aquilo que camuflam e o que conseguem extrair de beleza. Afinal, o indivíduo é crivado por um amplo feixe de identidades. A identidade negro-brasileira, apesar de ser identidade profunda, não deixa de ser mais uma identidade entre tantas.

Quando o texto não é vazado em primeira pessoa, como se pode detectar o sujeito étnico negro-brasileiro? Ele será uma prerrogativa tão somente dos escritores negros?

Evidentemente, o narrador na perspectiva da terceira pessoa não conta com a mesma ilusão de testemunho a que o texto pode levar o leitor quando o narrador é personagem contando sua própria história. E quando se fala em ilusão de testemunho estamos falando de algo importante para a literatura: a verossimilhança. Se lemos um texto de ficção ou mesmo um poema e sentimos que aquilo parece verdade, fomos pegos pela verossimilhança. Esta, entretanto, carece do referendo de nossa história pessoal. Algo parece verdade para alguém. A verossimilhança, portanto, precisa de que alguém a referende. E este alguém só pode fazê-lo com base em seus referenciais, sua experiência de vida. Os sentimentos mais profundos vividos pelos indivíduos negros são o aporte para a verossimilhança da literatura negro-brasileira. Contudo, os seres humanos mais diversos partilham de lastros comuns entre experiências díspares. A discriminação racial se comunica, no plano do sentimento e das emoções, com outras tantas discriminações vividas por pessoas não negras, discriminações individuais ou coletivas. Além disso, em uma sociedade multirracial como a brasileira, todos estão envolvidos, de alguma forma, nos processos de discriminação antinegra, seja por ser vítima ou algoz, ou ainda por ser omisso. Dessa maneira, a literatura negro-brasileira surge para os leitores como uma singular oportunidade de reflexão relativa às suas convicções e fantasias pessoais. A subjetividade negra é intransferível, mas ela é comunicante pela semelhança de seu conteúdo humano. Por essa via da semelhança e por um movimento empático e cognitivo do outro, podemos arremedá-lo de forma convincente, parecendo verdade nossa interpretação. Afinal, os atores realizam isso com treino e técnicas. O escritor, para mergulhar no universo do diferente, necessita atuar como um ator na escrita, como se o outro fosse. No Brasil, os escritores brancos poderiam ter oferecido ao seu público tais experiências, mas perderam e perdem essa oportunidade por se negar estar não na pele, mas no coração de um negro e, a partir daí, realizar seu texto. É que os preconceitos também têm sua profundidade e participam da moldagem da personalidade e até do estilo.

Quando se estudam as questões atinentes à presença do negro na literatura brasileira, vamos encontrar, na maior parte da produção de autores brancos, as personagens negras como verdadeiras caricaturas[16], isso porque não só esses autores se negam a abandonar sua brancura no ato da criação literária, por motivos de convicções ideológicas racistas, mas também porque, assim, acabam não tendo acesso à subjetividade negra. Estar no lugar do outro e falar como se fosse o outro ou ainda lhe traduzir o que vai por dentro exige o desprendimento daquilo que somos. Os atores sabem disso. Os escritores pouco sabem ou não querem saber, em especial quando se trata de relacionamento inter-racial. As exceções ou tentativas sempre demonstram a regra.

O sujeito étnico branco do discurso bloqueia a humanidade da personagem negra, seja promovendo sua invisibili-

....

16. A caricatura é uma personagem plana, sem complexidade e sem profundidade. Tem por base estereótipos. Em geral, serve para levar o leitor a reafirmar seus preconceitos e para fazê-lo experimentar a sensação relativa ao cômico.

Literatura negro-brasileira

zação, seja tornando-a mero adereço das personagens brancas ou apetrecho de cenário natural ou de interior, como uma árvore ou um bicho, um móvel ou qualquer utensílio ou enfeite doméstico. Aparece mas não tem função, não muda nada, e se o faz é por mera manifestação instintiva, por um acaso. Por isso tais personagens não têm história, não têm parentes, surgem como se tivessem origem no nada. A humanidade do negro, se agride a humanidade do branco, é porque esta última se sustenta sobre as falácias do racismo. O sujeito étnico negro do discurso enraíza-se, geralmente, no arsenal de memória do escritor negro. E a memória nos oferece não apenas cenas do passado, mas formas de pensar e sentir, além de experiências emocionais.

Alguns críticos, na conceituação do conjunto de obras que apresentam o negro como tema, vão realçar a caricatural produção dos escritores brancos, alguns exemplificando-a como um passo na consolidação da democracia racial. Todavia, é preciso que se diga: vale mais a inexistência de obras racistas, sejam elas sutis ou grosseiras em sua discriminação, do que a existência delas. Por quê? O prejuízo psicológico de uma obra literária pode ser arrasador para um leitor desavisado, ingênuo, que se emocionará e passará a dar crédito afetivo e efetivo ao que leu. Aqui tanto faz a cor da sua pele. E sabemos: nem sempre se tem a alternativa de não se ler um livro. As escolas com seus currículos e os concursos pré-vestibulares são exemplos da obrigatoriedade de certas leituras.

Por outro lado, como o critério que demarca o potencial racista de uma obra é muitas vezes controverso, pois quem dá o veredito o faz com base em seu grau de percepção do problema – e este grau depende da subjetividade originada da experiência de vida –, critérios de aferição objetiva não são descartáveis, mas limitados. O critério vocabular, por exemplo, é um caso. Vários escritores arrolam em seus textos termos e expressões de origem africana no afã de fazer uma literatura para os negros, ou com eles se identificar. Sem vida, tais textos não passam de adereços que fazem do culturalismo um culto à ideologia como má-fé. Assim, o Modernismo aproveitou termos e noções do folclore para compor obras de arte, tanto na pintura quanto na literatura, passando ao largo das inúmeras situações de conflito vividas pelos agentes da manifestação cultural utilizada. Idealizaram as populações pobres por meio de um processo ideológico de infantilização, caracterizando-as como ingênuas e conformadas. Folclorizaram-se as manifestações de origem africana. O candomblé, sendo uma religião, passou e ainda passa por isso. Folclorizar é retirar o conteúdo vivencial que, por ser conteúdo humano, traz conflitos. É esvaziar a possível carga transformadora que determinada área da cultura possa ter. A ingenuidade acaba sendo produzida para operar o efeito de conformismo ante os desafios da vida.

Assim, há autores que aportam para a vertente negra da literatura brasileira toda sorte de plumas, paetês e guirlandas literárias. Dirão poesia para o deleite. Podemos entender que, na verdade, se trata de literatura para alienar, para entorpecer a visão diante das contradições e dos conflitos sociais brasileiros.

A solidariedade está na base da identidade negro-brasileira, juntamente com o desejo de pertencimento.

Quando o escritor Lima Barreto escreveu em seu *Diário íntimo* que pretendia escrever uma obra que fosse "uma espécie de *Germinal*[17] negro, com mais psicologia especial e maior sopro de epopeia", anotou sua insegurança de fazê-lo da seguinte maneira:

> Temo muito pôr no papel impresso a minha literatura. Essas ideias que me perseguem de pintar e fazer a vida escrava com os processos modernos do romance, e o grande amor que me inspira – pudera! – a gente negra, virá, eu prevejo, trazer-me amargos dissabores, descomposturas, que eu não sei se poderei me pôr acima delas.
>
> (Barreto, 1956a, p. 84)

O romancista declara seu desejo de realizar seu projeto e, ao mesmo tempo, antevê a recepção contrária a ele. Seu projeto espelha o "amor" que sente pela "gente negra". Essa ampliação afetiva nos dá a ideia do lastro em que se compõe a identidade. Ela envolve o indivíduo em um processo de idealização de um todo, por compreender a trajetória deste todo do qual ele também faz parte. Compreender a história e se ver dentro dela leva o indivíduo a estabelecer vínculos afetivos capazes de gerar um comprometimento no plano das ideias. Mormente no caso da população negra, todas as injustiças praticadas pelos brancos no passado e no presente levam o indivíduo negro consciente a elevar sua sensibilidade a um plano coletivo, ainda que em qualquer grupo humano haja pessoas de todo tipo e caráter.

....

17. Romance do escritor francês Émile Zola, publicado em 1885, tratando da vida dos trabalhadores de uma mina de carvão.

Todo e qualquer indivíduo compartilha, com outras inúmeras pessoas, traços físicos e culturais e de outra ordem. Por mais que não queira. Não nos é dada escolha, até certo momento de nossas vidas, dos traços culturais que teremos. Quanto aos físicos, a escolha chega à impossibilidade absoluta.

Os traços culturais de matriz africana (candomblé, maracatu, capoeira, congada, samba etc.) tiveram dificultada ou interrompida, ao longo da história, sua transmissão familiar. A família africana fora destruída pela escravidão e a família negra, impedida por longo tempo de se formar. A aculturação é coercitiva. No século XXI, no Brasil, encontramos a população negra em todas as religiões, pois aquelas religiões que lhe seriam transmitidas naturalmente pela relação familiar foram reprimidas durante longos anos, enquanto a católica tinha a sustentação do Estado brasileiro e demais religiões de matriz europeia não sofreram perseguição. Traços culturais de origem africana no texto literário não são recursos suficientes para se caracterizá-lo como negro-brasileiro, uma vez que parcela significativa da população negra não está identificada com eles. Continuam essas pessoas, no entanto, com seus enfrentamentos diários, dentro e fora delas, com o racismo, o preconceito e a discriminação. Cultura sem experiência subjetiva e coletiva resume-se apenas à forma vazia ou preenchida com conteúdo falso.

Quanto aos traços físicos (nariz, cabelo, cor da pele, lábios), eles ganham importância no texto quando estabelecem um diálogo com a simbologia que têm na sociedade. Como o racismo demonizou as características fenotípicas africanas, a reversão desse fato implica ter o escritor a consciência daquela ação perversa para não referendá-la.

A população negra no Brasil é pouco representada fora dos quadros da pobreza, pois seu processo de ascensão social é invisibilizado pela ideologia racista. Se este for constatado, ficam abalados os preconceitos que fazem crer em inferioridade racial. Assim, a busca de verossimilhança pode, enveredando pelo preconceito racial, focar tão somente negros entre os pobres e só entre eles conceber a possibilidade de representação literária, como se a mobilidade social não existisse ou significasse o desaparecimento do negro enquanto tal. Daí o leque socioestamental para a literatura negro-brasileira ser amplo e não reducionista. Negros há em todas as camadas sociais e assim devem ser representados.

O passado histórico da escravidão tem sido a tônica para se retratar a personagem negra na condição servil. Entretanto, há outras condições do negro na época colonial, além de outros momentos da história situados no pós-Abolição. Tanto um quanto outro são temas caros para a vertente aqui estudada, isso porque os reflexos do passado estarão sempre ativos no presente, dialogando com o tempo que flui. O exemplo mais detectável disso é o Quilombo dos Palmares que, tendo existido aproximadamente de 1600 a 1695, inspirou, a partir da década de 1970, a criação do Dia Nacional da Consciência Negra, em 20 de novembro.

A literatura nos traz a história emocionada, não apenas a informação fria do historiador, mas a possibilidade de experimentarmos sensações e emoções de que as personagens ou os "eus" líricos são dotados na obra. Assim, os escritores negro-brasileiros vão se posicionar também no tempo para instaurar no seu trabalho o ponto de enfoque literário.

Sem dúvida, os temas derivados do enfrentamento com o racismo, o preconceito e a discriminação racial são muito importantes para a literatura negro-brasileira, pois constituem reações internas de forte carga emocional capazes de dinamizar a linguagem rumo a uma identidade no sofrimento e na vontade de mudança. A literatura, além de técnica, exige energia vivencial. No elenco citado anteriormente, o acesso à educação aparece em duas vias necessárias, a formal e a informal. O racismo e seus dois grandes ramos, o preconceito e a discriminação, bem como o combate a eles, constituíram no Brasil um saber de grandes dimensões. Como a escola falha por não ministrar este saber, escritores negro-brasileiros, se quiserem falar de si em profundidade, precisam se aventurar pelas complexas searas desse saber. A bibliografia infindável[18], que sempre se renova, demonstra que, se o escritor não se assenhorar daquele conteúdo, ficará refém da ingenuidade e da força da ideologia racista que ele introjetou, predominante que é nas relações sociais brasileiras. Desprovido daquele saber, tenderá a fazer coro com os que, ao produzirem literatura, acabam por cristalizar preconceitos antinegros.

Na releitura emocionada da história, escritores negros vão estabelecer uma forte empatia com outros negros, constituindo com eles a noção de coletivo.

Éle Semog, no poema "O arco-íris negro", inicia e desenvolve a primeira parte intitulada "Odisseia" com o tom de exortação.

....

18. *100 anos de bibliografia sobre o negro no Brasil*, de Kabengele Munanga; *Consciência negra do Brasil: os principais livros*, de Cuti e Maria das Dores Fernandes, são exemplos da amplitude desse saber que envolve, principalmente, a Literatura, as Artes Plásticas, a História, a Antropologia e a Sociologia.

Tragam as flores do campo
E os guerreiros mortos
Tragam o silêncio
E a mão de ferro do rei inimigo
Tragam o grito de pavor de seu filho
E tragam também sua alma acorrentada.

Hoje é dia de vitória e vingança!

Tragam suas mulheres amordaçadas
E tragam os tesouros da corte
Tragam tudo que for visível
Para jogar numa imensa fogueira
Tragam rosas, jasmins, lírios
Para enfeitar nossa bonança
Acordem nossos antepassados
E mais, todos os homens
Que foram escravos e suas almas vagantes
Tragam o chicote e o mourão
Tragam a faca e os grilhões
Pois a justiça não há de escapar de nossas mãos
[...]

(Semog e Limeira, [1978], p. 76)

Se imaginarmos a quem o discurso é dirigido, veremos que há uma intimidade com esses destinatários. "Nossa bonança", "nossos antepassados" e "nossas mãos" são dados que demonstram a presença de um coletivo. O "eu" poético não é solitário. Esse processo de arrolar dados históricos e constituir um ser coletivo que o vivencia no imaginário é um dos processos mais empregados para constituir a identidade na literatura negro-brasileira. Evocar a saga da escravização é chamar o grupo para dentro do qual o poeta insere-se e pelo qual ele fala, detendo no nível do poema a voz da liderança. Com o "rei inimigo", polariza-se e exalta-se uma ação guerreira para a atualidade: "Hoje é dia de vitória e vingança!". Essa atualização da história passada traça-lhe a recorrência em outro patamar temporal. A consciência da atualidade vai constituir a última estrofe desta parte do poema:

> Tragam a cruz cristã
> Para que ela não nos deixe mentir.
> Tragam o coração do rei
> Para que eu possa comê-lo
> E ensanguentar os meus dentes tão valiosos
> Tragam as flores do campo
> Para que sejam regadas com as lágrimas do inimigo
> Pois até hoje
> Elas eram regadas com o nosso sangue,
> Com a seiva de nossas ambições de gente.
>
> (Semog e Limeira, [1978], p. 76)

Um laivo de reverência para com o cristianismo – a "cruz cristã" que "não nos deixe mentir" – não impede a intenção dessa liderança de que o "eu" poético se imbuiu com seu grupo: comer o coração do rei. Aqui, a figura do arauto reacende a antropofagia, no sentido simbólico de adquirir a força do inimigo, devorando-o. O texto de Semog apresenta a identidade pela via da coletivização do "eu". Assim, encontraremos inúmeros textos elaborando esse viés de identidade: "Protesto", de Carlos de Assumpção; "Atitude", de Oswaldo de Camargo; "Quilombos", de José Carlos Limeira, "Poema sobre Palmares", de Oliveira Silveira; e tantos outros que trafegam pelas vias da história emocionada.

Mas a identidade também se faz pela via de um lirismo voltado para a exaltação do negro como fator de afetividade.

Cristiane Sobral, no texto "Amor libertador", convoca para esse sentimento tão caro para a literatura de identidade negra, corrompendo alguns sentidos cristalizados, como a ideia de anjo branco, a estética capilar dominante na sociedade brasileira e a ideia de que para "melhorar" o negro deve se aproximar do branco, até mesmo interiormente.

> Meu anjo negro protetor.
> Aqui fala sua pretinha.
> Quero que todos ouçam. Eu morri!
> Quando eu encontrei você
> Meu espelho estava distorcido. Lembra?
> Minhas madeixas eram alisadas e a minha alma branca.
> [...]
> Tua coragem agora também é minha.
> Eu, tua sacerdotisa negra. Livre!
>
> (Sobral, 2002, p. 51)

Quando o "eu" poético utiliza a morte como sinônimo de renascimento pelo fato de seu espelho ter estado distorcido, opera para positivar a sua identidade negra como vida. A "alma branca", expressão racista empregada popularmente para designar os negros de boa conduta moral, é colocada no mesmo nível do alisamento de cabelo, como distorção do espelho, ou seja, distorção operada pelos valores estéticos e morais do branco. O endereço certo de textos dessa natureza é a elevação da autoestima negro-brasileira, autoestima que a discriminação racial, sobretudo no campo cultural, rebaixa cotidianamente no Brasil.

O poeta Lepê Correia, na mesma linha de Cristiane Sobral, realça, no poema "Diamante", a beleza da mulher negra. A sequência dos versos segue a ideia romântica de exaltar um corpo feminino e sua função de prazer ao corpo masculino. Contudo, a segunda estrofe redimensiona o objeto de desejo, remetendo-o ao continente africano na expressão do riso.

> [...]
> No faiscar dos teus olhos
> O amor fica mais aceso
> Meu rosto mais visível
> Na noite és mais estrela...
> No riso em tua boca
> Que África inteira retrata
> O alvorecer do dia
> Se transforma em gargalhada
> [...]

(Correia, 2006, p. 52)

E Lepê, em outro poema, é mais enfático para com a identidade do corpo da amada. Trabalhando o erotismo desde o título ("Meta-dentro e fora"), em vez de empregar apenas o índice da origem africana, deixa a descrição cumprir de forma exaustiva o delineamento da identidade negro-brasileira.

Cada perna tua é um caminho
Quem sabe um país, uma cidade
Negra, totalmente negra
E cada vez mais avolumada.
Tu és uma noite fechada, inteira
O teu gozo é o bramido dos mares
Que me leva até nosso povo-mãe.
Teu afago é carinho de todas as mulheres
Teu corpo imenso são prados: afros e brasileiros.
Ah, mulher, do riso farto das filhas retintas
Dos cabelos e tranças, encarapinhados
Penetrando em ti, eu vou negritude adentro
E teu corpo sobre meu corpo
É como se eu estivesse a sustentar
Sobre mim a África inteira
Espalhada mundo afora [...]

(Correia, 2006, p. 41)

A vertente erótica da literatura negro-brasileiro tem gerado textos que rompem com a conotação de sofrimento atribuída ao corpo negro e de objeto de uso do branco. O erotismo surge para libertar do flagelo o corpo aprisionado pela ideologia racista que, por meio da imagem que dele promove, o mantém preso ao pelourinho. Lepê e tantos outros poetas vêm realizando, portanto, um ato de rebeldia contra tal aprisionamento. Negar o prazer é um dos atos de perversão que a escravização e o racismo praticaram e praticam contra a população negro-brasileira, muitas vezes sutilmente, outras de forma grosseira. A mulher que é "noite fechada" o poeta penetra "negritude adentro", fazendo da fusão sexual uma união identitária que recupera o sentido diaspórico do pertencimento à "[...] África inteira/Espalhada mundo afora [...]". A desnudez negra tem tido na poesia a responsabilidade de ruptura com o pudor racista que proíbe a autoestima com base no físico semanticamente vilipendiado como reflexo da violência cotidiana que, a qualquer oportunidade, sobre ele se abate.

Fazendo contraponto, a poeta Serafina Machado, sem erotizar a nudez, assume em seu discurso um intenso amor próprio, amplia o entendimento do ser e transpõe a corporeidade em seu poema "Nuegreza".

> Dispo-me
> sem pudor
> ao mostrar as vergonhas ocultas
> Dispo-me
> ao falar de minha gente escura
> Dispo-me
> a desafiar a beleza
> dos fios retos
> em contraste com meu cabelo pixaim
> Dispo-me
> porque rejeito esta pele
> – selvagem, exótica, animal –
> que em mim mumificaram
> e, ao despir-me
> mostro uma alma que se enaltece
> em ser feminina
> NEGRA.

(Machado, 2008, p. 155)

Serafina transforma a nudez do corpo em nudez do ser, do ser negro. Ao despir-se, mostra "uma alma que se enaltece", investindo contra o conceito de mulher-objeto, mulher-alimento, mulher-coisa, enfim. Faz brotar seu interior, agindo ("dispo-me", "ao mostrar", "ao falar", "a desafiar", "rejeito", "mostro") e construindo sua identidade coletiva ("ao falar de minha gente escura"). Ato de libertação, o poema recupera a dimensão humana por meio da ação do "eu" poético sobre si mesmo, realizando o caminho da autocrítica, como o fez também a poeta Cristiane Sobral no poema citado anteriormente e também Elisa Lucinda, no poema "Mulata exportação", quando o "eu" lírico feminino, revertendo a sua posição de objeto para a de sujeito, depois de ceder voz ao branco racista, investe contra ele de dedo em riste:

> [...]
> Esse branco ardido está fadado
> Porque não é com lábia de pseudo oprimido
> Que vai aliviar seu passado.
> [...]
> Digo, repito e não minto:
> Vamos passar essa verdade a limpo
> Porque não é dançando samba
> Que eu te redimo ou te acredito:
> Vê se te afasta, não invista, não insista!
> Meu nojo!
> Meu engodo cultural!
> Minha lavagem de lata!
>
> Porque deixar de ser racista, meu amor,
> Não é comer uma mulata!
>
> (Lucinda, 1997, p. 180-181)

Os citados versos de Elisa Lucinda respondem a toda uma tradição literária branca que promoveu a personagem mulata como objeto sexual tentando perpetuar a violência da casa grande contra a senzala.

No âmbito da literatura negro-brasileira, a vertente feminina traça cada vez mais sua legitimidade particular.

No contexto geral, a fala como ação demonstra sua incisividade, remetendo-nos à necessidade coletiva de fazer vibrar a palavra em uma frequência transformadora. Nesse sentido, Lande Onawale, ampliando seu verbo, nos apresenta o "Berro" com a premissa da exortação vista no poema "O arco-íris negro – Odisseia", de Éle Semog. É o poema como pavio que detona a revolta, o poeta como aquele que a acende pela palavra escrita com o tom da oralidade:

> Façamos berrar as penas
> em alto e bom "sou!"
> derramando nossa negritude
> até a última gota da garganta
>
> [...] lá na alta madrugada
> quando o sono dos injustos
> goza a velha bodarrada...
> bééé!
> ecoemos quilombolas utopias
> dentro dos seus sonhos opressores
> bééé!
> búzios, agulhas e argolas
> atiremos sobre seus telhados de vidro
> bééé!

povoemos de malês e de mahins
>toda a cidade
apavorando os mesmos bodes
que nos queriam pôr fim

>(Onawale, 2003, p. 47)

O termo "negritude", atualizado e abrasileirado à revelia de pensadores brancos influentes no Brasil, como Gilberto Freyre[19], em Lande Onawale se reveste de conteúdo interior, cuja necessidade de projetar-se fora de si o poeta alardeia. E não faltam as remissões históricas – Revolta dos Malês, de Luísa Mahin – e intertextual (com o poema "Bodarrada", de Luiz Gama) em uma cadência que reatualiza o potencial transformador do passado.

A identidade negro-brasileira mira também o amanhã, por conta de ser animada por um ímpeto renovador. Ela opera para deixar de ser o que foi forçada a ser para tornar-se uma dimensão liberada, um território conquistado no campo da cultura e do imaginário nacional, em que as premissas racistas sofrerão contínuos ataques poéticos visando à reversão de suas mentiras impostas como verdades desqualificadoras dos atributos físicos e culturais da população negro-brasileira.

....

19. Segundo esse autor, com base no título de seu artigo, publicado no jornal O *Estado de S. Paulo*, em 30 de maio de 1971, a Negritude, uma mística que não faz sentido no Brasil, desenvolve a ideia da democracia racial que não possibilitaria a identidade de intelectuais negros com aquele movimento criado na França por escritores caribenhos e africanos, dentre os quais se destacaram Aimé Césaire, Léopold Senghor e Léon Damas.

Os detratores dessa vertente da literatura brasileira, que em geral não a leram e não gostaram, costumam negar-lhe a universalidade. Márcio Barbosa, no poema intitulado "Sou do gueto", demonstra não haver incompatibilidade entre o local e o universal. Afinal, a parte faz parte do todo, e, a afirmação de ser comunica-se com todas as alteridades negadas. Todos os que sofrem a proibição de suas identidades profundas sabem disso. Todos os que daquela proibição sofreram um dia, seja direta ou indiretamente, têm um canal aberto de identificação com qualquer afirmação semelhante. É por essa possibilidade que se faz o universal. Mas, em uma sociedade segregada, mesmo que não seja segregação estabelecida em lei, mas nos costumes, nas políticas públicas e nos meios de comunicação, as autoridades intelectuais é que se arvoram a atribuir características universais aos produtos culturais, e o fazem somente àquelas obras que atendem a seus pressupostos ideológicos. O poeta Márcio cerca esse autoritarismo ao dizer:

[...]
sou rebelde
ressentido
retraído
sou do gueto
[...]
e sou forte
e sou preto
sou do mundo
sou do gueto
[...]

(Barbosa, 2002, p. 112-113)

Para o poeta, ser do gueto é ser do mundo e vice-versa, pois ninguém está isento de identidades. Aí, seu poema transgride até com o princípio de exclusão que permeia as relações raciais no Brasil, transgride a noção de que o negro está fora da sociedade, não a compondo. Se há guetos (favelas, cortiços, alagados), eles compõem o país, mesmo que os cartões-postais não os contemplem.

A identidade cultural – estabelecida quando o poeta lança-se em busca de seus valores, por meio de suas manifestações inspiradas na África que atravessou o oceano Atlântico e se instalou no Brasil, a África mítica que não é a dos africanos, mas pertence aos negros que daquele continente saíram e criaram pelo mundo afora formas de expressão de seus sentimentos – é a identidade a que mais se faz referência quando se estuda literatura. No fundo dessa supervalorização dos aspectos culturais está a ideologia que pretende cercear a vida que anima tais manifestações, com suas alegrias e suas tristezas, a sua luta para viver. Oliveira Silveira, entretanto, em seu poema "Sou", rompe com tais expectativas redutoras, reunindo à identidade cultural a identidade histórica e política:

Sou a palavra cacimba
pra sede de todo mundo
e tenho assim minha alma:
água limpa e céu no fundo.

Já fui remo, fui enxada
e pedra de construção;
trilho de estrada de ferro,
lavoura, semente, grão.

Já fui a palavra canga,
sou hoje a palavra basta.
E vou refugando a manga
num atropelo de aspa.

Meu canto é faca de charque
voltada contra o feitor,
dizendo que a minha carne
não é de nenhum senhor.

Sou o samba das escolas
em todos os carnavais.
Sou o samba da cidade
e lá dos confins rurais.

Sou quicumbi e maçambique
no compasso do tambor.
Sou um toque de batuque
em casa jeje-nagô.

Sou a bombacha de santo,
sou o churrasco de Ogum.
Entre os filhos desta terra
naturalmente sou um.

Sou o trabalho e a luta,
suor e sangue de quem
nas entranhas desta terra
nutre raízes também.

(Silveira, 2009, p. 65)

Ao surpreender a segmentação identitária negra que privilegia apenas o aspecto cultural, Oliveira não se deixou levar pela força da ideologia racista que reduz a população negra a apenas suas manifestações culturais, cuja seleção folclórica e folclorizadora considera simples contribuição. Não se trata de contribuição, mas de cultura negra ativa no Brasil, compondo a cultura nacional, sobretudo quando reflete o sentido profundamente humano da palavra "cultura". O poeta gaúcho termina seu poema atualizando a participação negra na vida nacional, pois se trata de participação que "nutre raízes também". O tempo verbal afirma o presente, sem negar o passado. No poema "Sou", o "eu" poético demonstra o amplo espectro da identidade negro-brasileira que não é momentânea, circunstancial, mas existencial.

7
Polaridades

A despeito da hipocrisia racial que permeia os meios de comunicação de massa e a produção intelectual do Brasil, a literatura negro-brasileira vem exercitando, cada vez mais, o campo das polaridades que põem a nu o preconceito, desde sua conotação mais sutil até a mais agressiva.

Na desconstrução de estereótipos, as dicotomias e suas ilusões constituem a chave a ser girada na fechadura do desvendamento. Os recursos da linguagem literária (rimas, metáforas, assonâncias, ritmo etc. – na poesia; descrições, ponto de vista narrativo, suspense etc. – na prosa) são eficazes para desvendar as contradições de um *modus operandi* do racismo à brasileira.

As polaridades têm sido recursos empregados na literatura negro-brasileira para detectar os meandros camaleônicos da sociedade no quesito raça. Nas relações senhor × escravizado, branco × negro, rico × pobre, o escritor encontra material amplo de trabalho para desconstruir estereótipos e promover o diálogo, mesmo que este seja áspero.

Wilson Jorge de Paula, no "Repoema", fazendo uso de um fator estético brasileiro, o bronzeamento epidérmico, dirige a palavra a um interlocutor branco, propondo-lhe uma releitura de sua busca pessoal de beleza:

[...]
Para sofreres meu sofrer
Nem mil verões ao sol,
Escurecendo a pele,
Nem mil cirurgias
[...]

(De Paula, 1980, p. 58)

A dialogicidade instala-se desde o primeiro verso. O destinatário do texto é alguém que se opõe ao "eu" lírico pelos limites das ingênuas atitudes, em outro contexto, o da convivência racial. Já no prefixo "re", do título, alerta o poeta se tratar de uma mudança de ponto de vista, do lugar de emanação discursiva. A releitura, partindo de uma contradição do racismo antinegro – querer escurecer a pele clara – reacende a simbologia histórica aderida à pele escura: o sofrimento. Há um sofrer, nos diz o poeta, que não se alcança com eventuais artificialismos estéticos.

No mesmo diapasão polarizante, Geni Guimarães constrói o poema "Explicação", rebatendo, de início, o estigma de racista impingido àqueles que discutem o assunto, pelos que preferem o silêncio para a manutenção estável das relações raciais, por mais que sejam injustas.

Não sou racista
Sou doída, é verdade,

tenho choros, confesso.
Não vos alerto por represália
Nem vos cobro meus direitos por vingança.
Só quero
Banir de nossos peitos
Esta gosma hereditária e triste
Que muito me magoa
E tanto te envergonha.

(Guimarães, [1993], p. 74)

O poema é um alerta do "eu" lírico e seu desvendamento em face do outro, este último comprometido com o teor do texto pelas suas atitudes, pela sua historicidade opressiva. Desconstruindo as prováveis expectativas do outro, o "eu" lírico expõe sua vontade de superação e frisa que ela aponta para a liberação do outro em relação ao sentimento de "vergonha" que lhe foi transmitido pela hereditariedade cultural. A tal "gosma" que atinge a ambos, a causa da polarização estabelecida, o "eu" lírico deseja "banir". Da negação, o texto atinge, já no segundo verso, a afirmação, para retornar à negação no terceiro e quarto e depois afirmar seu desejo. A polaridade é feita com a alternância tensa entre afirmação e negação. Por fim, ela desemboca no desejo de transformação que exterminaria com a "mágoa", de um lado, e a "vergonha", do outro.

A forma de polarização levada a efeito pelo escritor Oswaldo de Camargo no poema "Atitude" não se dá pela constituição entre o comunicante e o suposto destinatário, mas surge sutilmente em forma de intertextualidade e de uma indeterminação do plural:

Eu tenho a alma e o peito descobertos
À sorte de ser homem, homem negro
Primeiro imitador da noite e seus mistérios.
Triste entre os mais tristes, útil
Como um animal de rosto manso.
Muita agonia boia nos meus olhos,
Inspiro poesia ao vate branco:
"[...] Stamos em pleno mar [...]"
Estamos em plena angústia!
[...]

(Camargo, "Atitude", in *Cadernos Negros* 1, p. 42)

O verso "[...] Stamos em pleno mar [...]" inicia as quatro primeiras estrofes do poema "O navio negreiro", de Castro Alves. Ao contrapor aquele verso com este: "Estamos em plena angústia", o poeta Oswaldo de Camargo polariza a situação do lugar do discurso. O texto do poeta romântico é sobre o escravo. A dicção de Camargo é a partir do "eu" que já não é objeto do discurso do outro, mas sujeito de seu próprio discurso, revelando a situação vivenciada de ser negro em um navio negreiro e após a Abolição: angústia. Ambos os "nós", constituídos tanto em um poema quanto em outro, demonstram que se trata de um "nós" branco, que vê de longe o navio negreiro, e de um "nós" negro que exprime seu sentimento como que a partir de dentro do próprio navio.

A expressão "angústia" apenas complementa e reforça a "agonia" que boia nos olhos, portanto dentro, em oposição à imagem de fora, vista por Castro Alves. Essa primeira estrofe do poema "Atitude" repete-se por mais uma vez no texto, abrindo um novo posicionamento do "eu" poético, então dirigindo-se aos seus, para exortá-los:

Negro, ó negro, pedaço de noite,
pedaço de mundo, ergue-te!
Deixa essa mansidão nos olhos,
Tua delicadeza
E o fácil riso jovial.
Sê duro, ó negro, duro,
Como o poste em que mil vezes te chicotearam.
Sê negro, negro, negro,
Maravilhosamente negro!

(Camargo, 1978, p. 44)

O longo poema, assim, constitui um "nós" negro e depois o abandona para retornar à posição individual do "eu" lírico de onde o chamamento se fará. Essa distinção do "eu" lírico coloca-o em uma posição privilegiada de detentor da verdade a ser proferida para o outro negro com quem, por sete estrofes anteriores, esteve fundido em um "nós", em comunhão histórica por entre a saga da escravização.

Solano Trindade, por sua vez, no poema "Canto aos Palmares", cria polaridade poética também, agora com o cânone mundial.

Eu canto aos Palmares
sem inveja de Virgílio de Homero
e de Camões
porque o meu canto
é o grito de uma raça
em plena luta pela liberdade!

(Trindade, 1999, p. 39)

Se o "grito" de um coletivo basta para motivar o poeta a não ter inveja, ou seja, a não almejar o cânone, é porque ele vai buscar a raiz existencial de sua inspiração: a luta. Ela fornece o conteúdo do orgulho de um fazer poético diferenciado. Assim, o poema estende-se por mais vinte e seis estrofes sobre a saga do Quilombo dos Palmares, tendo o "eu" poético ao lado dos "meus" e "minhas" contra o "opressor", os "civilizados".

A polaridade recupera o que o discurso racial dominante tentou e tenta dissolver na nacionalidade brasileira, como se, em um passe de mágica, a cidadania tornasse prerrogativa de todos em um mundo idílico e fraterno. A polaridade demonstra que as diferenças de raça estão presentes juntamente com as diferenças de classe e que há contradições, sim, a serem superadas pelo diálogo e pela transformação social.

8
Elos de gerações

É com a vontade coletiva que se fazem as particularidades culturais, dignas de serem estudadas e para servirem de aprendizado a fim de formar e fazer saber sobre o país. Uma vontade coletiva nasce com a persistência de pessoas que transmitem princípios e noções aos mais jovens.

A literatura negro-brasileira, da solidão de autores até o século XIX, passou a contar com o início de uma vida literária negra nas associações culturais de caráter reivindicatório, a partir das primeiras décadas do século XX.

Àquelas pessoas, no campo literário, podemos chamar de elos de gerações. Das primeiras associações negras até as atuais, a literatura vem tirando a sua difícil legitimação, que atualmente conta também com iniciativas no âmbito universitário. Tais entidades culturais significaram e significam a possibilidade de uma recepção positiva. Ainda que o nível de leitura literária, em geral, seja precário nesses núcleos, a figura do escritor acaba sendo considerada, em especial por ser alguém que produz ideias e, quase sempre, é portador de um conhecimento capaz de contribuir para o processo de conscientização dos associados, além de conferir-lhes o *status* que a figura do escritor goza no contexto social brasileiro.

Por isso, escritores ligados a essas entidades, de alguma maneira, encontraram outros escritores, alguns iniciantes na arte da palavra, para os quais acabaram se tornando referência, e seus livros foram incluídos em um *paideuma*[20] negro literário. Portanto, além de escritor, o elo de gerações liga as idades pela transmissão do conhecimento e do entusiasmo. Por intermédio dele, pela sua participação ativa, aquilo que não está nos livros é legado aos que deles se acercam. E as indicações de leitura passam a fazer parte da ativa função de guiar e sugerir veredas intelectuais aos mais novos.

A importância das associações negras se dá por terem essas, diferentemente das tradicionais (casas de religião, escolas de samba, congados etc.), certo apreço à produção escrita. Nelas se encontram por vezes a estante de livros, a produção de jornais ou informativos, os grupos de teatro etc.

Os autores que constituem esse grupo são: Abdias Nascimento, Solano Trindade, Carlos de Assumpção, Eduardo de Oliveira, Oswaldo de Camargo e Oliveira Silveira.

....

20. Segundo Ezra Pound, paideuma é "a ordenação do conhecimento de modo que o próximo homem (ou geração) possa achar, o mais rapidamente possível, a parte viva dele e gastar um mínimo de tempo com itens obsoletos". Disponível em: <http://insanadiron.blogspot.com/2007/09/segundo-ezra-pound-paideuma-ordenao-do.html>.

ABDIAS NASCIMENTO

> [...]
> Em meu lombo de Exu renegado
>   estala o lenho
>   corta o lanho
> vitupério da brancura
>   o banho
> núncio do revide ao escárnio
> do golpe covarde e traiçoeiro
> à negra carne flagelada
> paz de Oxalá maculada
> ao cuspe secular no rosto
> junto à bofetada cristã
> tranco o perdão posto
> no alguidar de coisa vã
> [...]
>
> (Nascimento, Abdias. "Mucama-mor das estrelas". In: *Axés do sangue e da esperança*, 1984, p. 79-80)

O criador do Teatro Experimental do Negro (1940), além de ator e diretor, também produziu texto teatral e poesia. Como a liderança negra mais importante do Brasil, seu trabalho de militância no campo específico da literatura carrega também aquela aura. Sua peça *Sortilégio: mistério negro* (1957), reescrita como *Sortilégio II – mistério de Zumbi redivivo* (1979) é um marco na dramaturgia negro-brasileira. As duas versões da peça foram publicadas. Seu livro de poemas é *Axés do sangue e da esperança* (1984). Tem várias outras obras de crítica ao racismo. Ícone da militância negra, Abdias também realizou obra considerável nas artes plásticas (em especial na pintura).

SOLANO TRINDADE

> Zumbi morreu na guerra
> Eterno ele será
> [...]
> Seus olhos hoje são lua,
> Sol, estrelas a brilhar
> Seus braços são troncos de árvores
> Sua fala é vento é chuva
> É trovão, é rio, é mar.
>
> (Trindade, Solano. "Zumbi", da peça Malungos.
> In: *Poeta do povo*, 1999, p. 44)

Poeta que assumiu a noção "popular" em seus textos, com a significação de "politizada" e de esquerda, realizou obra de forte incandescência verbal e rítmica. Criador do Teatro Popular Brasileiro, foi um militante de ideias socialistas. Sua poesia atingiu amplo conhecimento não só pelo trabalho de seus companheiros de partido político, mas pelo mérito interno de sua realização poética. Publicou: *Poemas de uma vida simples* (1944); *Seis tempos de poesia* (1958); *Cantares ao meu povo* (1961/1981); *Tem gente com fome e outros poemas* (1988); *Poeta do povo* (1999/2008); *Canto negro* (2006); e *Poemas antológicos* (2008). Foi um exímio declamador.

Literatura negro-brasileira

CARLOS DE ASSUMPÇÃO

> [...]
> Mas irmão fica sabendo
> Piedade não é o que eu quero
> Piedade não me interessa
> Os fracos pedem piedade
> Eu quero coisa melhor
> Eu não quero mais viver
> No porão da sociedade
> [...]
>
> (Assumpção, Carlos de. "Protesto", no livro de mesmo título, 1982, p. 48)

Contemporâneo de Solano Trindade, com o qual conviveu, o poeta do "Protesto" passou longo tempo afastado da cidade de São Paulo, onde iniciou a sua obra. Seu poema, entretanto, manteve sua presença entre a militância do Movimento Negro paulista. A importância de Carlos de Assumpção está no contato e participação das iniciativas da geração dos *Cadernos Negros,* que se iniciou em 1978, e em especial na poesia, semelhante à de Solano, e também exploradora da vertente satírica de Luiz Gama. Publicou um livro com o nome de seu mais conhecido poema, *Protesto* (1982), além de *Quilombo* (2000), e teve uma publicação realizada pela juventude negra de São Paulo, com o título de *Tambores da noite* (2009). Com o poeta Cuti gravou o CD de poemas *Quilombo de Palavras* (1977). Excelente declamador, com sua performance muito animou as rodas de poemas do Quilombhoje.

EDUARDO DE OLIVEIRA

> [...]
> Eu sei que sou um pedaço d'África
> pendurado na noite do meu povo
> Do fundo das senzalas de outros tempos
> se levanta o clamor dos meus avós
> que tiveram seus sonhos esmagados
> sob o peso de cangas e libambos
> amando, ao longe, o sol das liberdades.
> [...]
>
> (Oliveira, Eduardo de. "Banzo", no livro de mesmo título, 1965, p. 36)

Poeta de fatura parnasiana, tornou-se um militante preocupado com a política, por meio da qual chegou a ser vereador em São Paulo. Tendo privilegiado o soneto e a trova, nestes formatos veicula sua negritude. Eduardo de Oliveira é figura marcante nas iniciativas dos jovens, pois é um entusiasta da causa antirracista. Atuou em várias entidades negras, fazendo-se presente nas iniciativas de novas gerações, como esteve no momento de gestação dos *Cadernos Negros*, série na qual tem vários textos editados. Publicou: *Além do pó* (1958), *Banzo* (1962/1964), *Gestas líricas da negritude* (1967), *Cancioneiro das horas* (1967); *Evangelho da solidão* (1968/1972), *Túnica de ébano* (1980) e *Carrossel de sonetos* (1994). Tem publicações em outras áreas.

OSWALDO DE CAMARGO

> Como quem quer cantar, mas não canta
> Como quem quer falar, mas se cala,
> Eu venho fazendo escala
> no porto de muita mágoa
>
> Antigamente eu morria,
> Antigamente eu amava,
> Antigamente eu sabia
> Qual é o chão que resvala
> Se o passo da gente pesa
> [...]
>
> (Camargo, Oswaldo de. "Antigamente". In:
> *O estranho*, 1984, p. 69-70)

No contexto estritamente literário, é o mais importante elo de gerações, pois sua dedicação à vertente negro-brasileira tem se dado não só pela acolhida aos jovens autores como também pela elaboração de ensaios, palestras acerca do assunto, prefácios, organização de antologias, livros histórico-literários, além da obra em verso e prosa. Por ter participado, ainda muito jovem, de associações negras em São Paulo, reuniu um conhecimento vivenciado daquela realidade, trabalhado no livro de contos *Carro do êxito*. Foi um dos fundadores do grupo Quilombhoje e colaborou desde sua criação com a série *Cadernos Negros*, na qual publicou textos. Seus livros: *Um homem tenta ser anjo* (1959), *15 poemas ne-*

gros (1961), *O carro do êxito* (1972), *A descoberta do frio* (1979), *O estranho* (1984), *A razão da chama – antologia de poetas negros brasileiros* (1986, org.), O *negro escrito – apontamentos sobre a presença do negro na literatura brasileira* (1987, contendo uma antologia temática com textos de diversos autores) e *Solano Trindade, poeta do povo – aproximações* (2009).

OLIVEIRA SILVEIRA

> O racismo que existe,
> o racismo que não existe.
> O sim que é não,
> o não que é sim.
> É assim o Brasil
> Ou não?
>
> (Silveira, Oliveira. "Ser e não ser". In: *Poemas*, 2009, p. 117)

Sua imagem está associada à celebração do 20 de novembro – Dia Nacional da Consciência Negra, por ter participado das primeiras propostas, como membro do Grupo Palmares, de Porto Alegre-RS, no início dos anos 1970 do século XX. Como poeta, Oliveira foi um animador das novas gerações, não só de sua cidade, mas também de outras partes do Brasil. Militante de várias associações negras, foi conhecido pela sua dedicação ao estudo das tradições de matriz africana. Participou, também, dos *Cadernos Negros*.

Publicou: *Germinou* (1962), *Poemas regionais* (1968), *Banzo, saudade negra* (1970), *Décima do negro peão* (1974), *Praça da palavra* (1976), *Pelo escuro* (1977), *Roteiro dos tantãs* (1981), *Poema sobre Palmares* (1987), *Anotações à margem* (1994) e *Orixás* (1995). Um grupo de amigos publicou *Poemas* (2009).

• • •

Sem esses autores, a vontade coletiva de traçar uma vertente negra na literatura brasileira não teria logrado êxito, pois essa não é tarefa de escritores isolados, mas daqueles que contribuem para a criação de uma vida literária, buscando, por meio de atitudes de aproximação com seus parceiros, o reforço da identidade racial.

9
Vida literária: alguns tópicos

O encontro de escritores permitiu que se constituísse – sobretudo em torno da publicação dos *Cadernos Negros*, a partir de 1978 – várias relações de amizade entre escritores, reforçadas pelos eventos literários específicos.

Em 1980 foi criado o Quilombhoje. Grupo informal constituído inicialmente pelos escritores Cuti, Oswaldo de Camargo, Paulo Colina e Aberlardo Rodrigues, teve na data inaugural e em momentos ocasionais a presença do escritor Mário Jorge Lescano. Além das conversas em bares do centro de São Paulo, o grupo passou a realizar as rodas de poema, uma maneira própria de se dizer poesia, semelhante à roda de samba, que incluía instrumentos de percussão (em geral atabaques e chocalhos) e pequenos pontos musicais para serem cantados pelos participantes entre uma e outra declamação ou leitura em voz alta no centro da roda. Essas atividades recebiam títulos referentes a nomes de pessoas ilustres da cultura negro-brasileira ou estrangeira, como Luiz Gama, Pixinguinha, Agostinho Neto e outros.

Com a chegada de novos membros, restou do grupo fundador apenas o escritor Cuti, que passou a atuar com os que chegaram. No volume 8 da série *Cadernos Negros*, foi veiculado um texto nas páginas 105 e 106 que, por dar conta de informações do período inicial até 1985, segue na íntegra:

UM POUCO DE HISTÓRIA

Foi no contraditório e efervescente ano de 1978, em que o governo militar, ao mesmo tempo que reprimia as greves do ABC, baseando-se em decretos-leis, revogava atos de banimento de dezenas de pessoas; em que houve eleições diretas para deputados e senadores, porém sob uma nova lei de segurança nacional então imposta – foi nesse mesmo ano que surgiu, no bojo do Movimento Negro, a série *Cadernos Negros*. O primeiro número foi lançado no (também primeiro) Feconezu (Festival Comunitário Negro Zumbi), realizado na cidade de Araraquara-SP.

O Cecan – Centro de Cultura e Arte Negra, naquela época situado na Rua Maria José, nº 450, no Bairro do Bixiga, capital paulista, foi o ponto de encontro entre escritores que iniciaram a série. Ali se articulou a Feabesp – Federação das Entidades Afro-brasileiras do Estado de São Paulo – entidade responsável pela publicação do jornal *Jornegro*, também lançado naquele ano.

A década de 1970 foi marcada por inúmeros encontros entre grupos negros de diversos lugares do Brasil. Nesses encontros a poesia sempre se fez presente, quer em representações dramáticas, quer em simples declamações. Os autores preferidos, em São Paulo: Solano Trindade e

Carlos de Assumpção. Esses encontros redundaram em contatos de autores novos e alguns da geração anterior. Em 1976, o Centro de Estudos Culturais Afro-brasileiro Zumbi (Santos-SP) publicou a "Coletânea de Poesia Negra" (mimeografada), onde se faziam presentes textos de autores negros da África e da América (incluindo brasileiros já publicados em livros). Por esse tempo o jornal *Árvore das Palavras* corria de mão em mão. Era xerografado e apócrifo. Veiculava notícias das revoluções africanas nas então colônias portuguesas e trazia uma mensagem de consciência política do negro brasileiro. Surgia sem que se soubesse de onde. No ano de 1977 é lançado no Rio de Janeiro o Jornal *Sinba* – órgão de divulgação da Sociedade de Intercâmbio Brasil-África, que reforçou mais os contatos, estimulando as organizações dos grupos. Neste mesmo ano (1977), em São Paulo, foi impressa em mimeógrafo a coletânea *Negrice I* – contendo textos de poetas negros contemporâneos, uns novatos, outros não.

1978 teve ainda, como manifestações negras baseadas na palavra impressa, dentre outras: Afro-Latino-América (seção do Jornal *Versus*); Revista *Tição* (Porto Alegre-RS); Jornal *Abertura* (São Paulo); Jornal *Capoeira* (São Paulo).

Em julho foi fundado o MNUCDR (Movimento Negro Unificado contra a Discriminação Racial) – hoje MNU – com um ato público em frente ao Teatro Municipal de São Paulo. Concomitante a essa movimentação de caráter militante, política e culturalmente, a década foi surpreendida pelo movimento Black-Rio, que aglutinou grandes massas de jovens negros, numa nova linguagem musical (o *Soul*), plástica e comportamental. Além do avanço nas organizações existentes e do surgimento de entidades negras, nos anos 1970 houve a recuperação da luta de Palmares (século XVIII) para a história contemporânea, tendo como símbolo o herói Zumbi. 20 de novembro (dia em que Zumbi foi assassinado) tornou-se uma data de mobilização geral. É o Dia Nacional da Consciência Negra. O citado Cecan (hoje extinto), local de reunião de diversas tendências, abrigou as primeiras discussões em torno de uma proposta conjunta entre poetas negros. Inicialmente Cuti (Luiz Silva) e Hugo Ferreira (quem sugeriu o nome *Cadernos Negros*) propuseram o trabalho, baseando-se nas experiências anteriores. Houve um interlúdio, com a participação de outras pessoas, no qual se pretendia ampliar a proposta para um organismo empresarial. Prematura, esta ideia não vingou. As pessoas se afastaram, restando os dois primeiros para articular outros poetas que chegaram e deram suas contribuições práticas, tais como Jamu Minka e Oswaldo de Camargo, além do fotógrafo Oswaldo Aguiar Filho.

Com a colaboração de Isidoro Telles – um dos diretores do Cecan –, Cuti encaminhou os originais para a gráfica e fez a coleta da contribuição financeira de cada um. Em novembro daquele ano, a brochura de bolso, com 52 páginas, saiu a público numa tiragem de 1.000 exemplares. No ano seguinte, o número de autores passou de 8 para 12. O segundo *Cadernos Negros* se constituiu de contos. O processo de sua elaboração continuou (e continua) cooperativo. A organização, até o nº 5 (1982), processava-se da mesma forma: uma pessoa (Cuti) para estabelecer contatos, juntar textos etc. e solicitar colaboração de pintores, desenhistas, fotógrafos, revisores, datilógrafos, prefaciadores... Um grupo ia se formando no decorrer do processo, até o lançamento e distribuição das cotas de livros para os escritores. Estes sempre foram os principais colaboradores.

Discussões geradas em torno da série e de livros individuais deram origem ao grupo de escritores "Quilombhoje", em 1980, formado inicialmente pelos seguintes nomes: Cuti (Luiz Silva), Oswaldo de Camargo, Abelardo Rodrigues, Paulo Colina e Mário Jorge Lescano. Os bate-papos literários já vinham dos anos anteriores.

A relação Quilombhoje/Cadernos Negros só se tornou efetiva em 1983, quando – já com novos atuantes (apenas um remanescente fundador) – o grupo decide assumir coletivamente a feitura anual do livro, em todos os níveis do processo. A organização geral passa a ser do Quilombhoje, com os seguintes componentes: Cuti, Esmeralda Ribeiro, Jamu Minka, José Alberto (até julho de 1984), Márcio Barbosa, Miriam Alves, Oubi Inaê Kibuko, Sonia Fátima Conceição e Vera Lúcia Alves (até junho de 1985). Em 1984 passou a fazer parte José Abílio Ferreira. A série, até o presente ano [1985], chegou a ter a participação de autores de quatro estados brasileiros (SP, RJ, RS e BA), contribuindo assim para diversos contatos, o que vem favorecendo o debate, intercâmbios e mútuas influências.

Cadernos Negros é fundamentalmente um esforço coletivo de todos que participaram e participam com seus textos, dinheiro e confiança naqueles que, dentre eles, empenham-se na organização e realização prática do trabalho.

A vida literária, dinamizada a partir dos *Cadernos*, é um outro capítulo desta pequena parcela da grande história do negro interagindo e, no dizer de Jamu Minka, literaturagindo no mundo inteiro.

O posterior registro da história dos *Cadernos Negros*, inclusive retrocedendo ao período antes mencionado, está contido no livro ilustrado *Cadernos Negros três décadas* (2008), obra comemorativa, com variados testemunhos e ensaios, um trabalho também do Quilombhoje, tendo Márcio Barbosa e Esmeralda Ribeiro como organizadores. Ainda para o registro histórico, contribui significativamente o depoimento de Márcio Barbosa para a revista *Thoth*, n. 2, maio/agosto de 1997, intitulado "Cadernos Negros e Quilombhoje: algumas páginas de história". E a série continua sendo publicada, reunindo textos de diferentes gerações.

Os escritores negros também realizaram três edições do Encontro de Poetas e Ficcionistas Negros Brasileiros, nas cidades de São Paulo, Rio de Janeiro e Petrópolis. Do primeiro, realizado em 1985, foi publicado o livro *Criação crioula, nu elefante branco* (1987). Do segundo encontro, em 1986, houve uma edição mimeografada, com o título *Corpo de negro rabo de brasileiro*.

Importante para esta vida literária foram os eventos específicos, como seminários, conferências e palestras que, com o tempo, passaram também para o interior de algumas universidades.

Além do grupo Quilombhoje, mais dois merecem destaque: Grupo Negrícia – Poesia e Arte de Crioulo, da cidade do Rio de Janeiro, contando, dentre outros, com Éle Semog, Jélio de Assis, Delei de Acari e Hermógenes de Almeida. Na cidade de Salvador, foi criado o GENS – Grupo de Escritores Negros de Salvador, tendo à frente Jônatas Conceição da Silva. A história desses grupos, ao ser escrita, comporá o mosaico que se formou da vida literária negra no Brasil, que, além de animar a criação de obras, promoveu durante certo período importante produção epistolar, em um tempo em que não havia *e-mails* e a carta era o privilegiado veículo de comunicação escrita interpessoal.

Na contemporaneidade, grupos jovens das periferias das grandes cidades brasileiras vêm desenvolvendo intenso trabalho de literatura, com declamações e publicações, no qual a vertente negro-brasileira se faz presente, sobretudo pelo influxo politizado do Movimento Negro como um todo e do Movimento Hip-Hop, especialmente do Rap.

10
Dramaturgia

O teatro é a arte que nasce do conflito. Nele a luta protagonista *versus* antagonista se dá por princípio. Atores em cena têm algo para resolver. Há uma luta. O resultado é o que o público espera.

O texto dramático vai, portanto, ser um texto fiel ao embate entre personagens, às suas tentativas de superação da dificuldade dada. Ainda que essa seja uma definição clássica, pois o teatro contemporâneo apresenta inúmeras tentativas de buscar outras soluções para o espetáculo, a verdade é que o público quer ver conflito e solução. Sair de um espetáculo como quem não tivesse entrado é sensação frustrante. Arte pela arte é isso: não nos move a emoção, não nos tira o pensamento do conforto de seus parâmetros.

Quando se fala de Teatro Negro-brasileiro, qual o conflito básico para sua realização, a não ser o conflito racial, seja em termos de culturas em combate ou negociação, seja o embate a partir do enfrentamento da discriminação racial? O teatro mítico, podemos considerá-lo em termos culturais, pois implica visões de mundo em confronto.

A questão central para o Teatro Negro-brasileiro é que, no tocante aos estranhamentos raciais, o corpo negro, o corpo mestiço e o corpo branco são, por si só, linguagens densas de significados.

A experiência no Brasil mais realizadora, nesses termos, foi o Teatro Experimental do Negro, que nos legou textos, inclusive uma obra sobre publicações na imprensa acerca de sua trajetória, intitulada *Teatro Experimental do Negro – Testemunhos*.

Depois do TEN, cuja estreia ocorreu no dia 8 de março de 1945 com a peça *Imperador Jones*, do dramaturgo norte-americano Eugene O'Neill, várias outras companhias, grupos e indivíduos do período seguiram a senda semelhante ou derivaram para o folclore, entretanto não lograram publicar textos e reflexões a respeito do trabalho desenvolvido. O TEN editou o livro *Drama para negros, prólogo para brancos*, reunindo nove peças de autores negros, mestiços e brancos.

Infelizmente, o teatro no Brasil tem este pesar: da maioria das peças representadas desaparecem os textos ou tornam-se de difícil acesso, pela falta de publicação.

Uma outra situação que vamos encontrar nas iniciativas posteriores, que inclui a contemporaneidade, é a falta de convicção quanto à questão racial. As iniciativas pessoais e grupais carecem de maior convicção de seus propósitos, uma vez que suas performances sugerem uma falta de estudo da questão racial no Brasil ou o receio de tocar-lhe as entranhas. É certo, também, que não contamos com uma gama de peças que dê ao ator e atriz negros a oportunidade de revelar seus talentos. O que existe de peças, em geral, situa o negro em grupo, busca retratar a realidade vivida por comunidades. Com isso, cada ator acaba representando pequenas cenas do cotidiano, como se o teatro devesse ser uma mera crônica. Por outro lado, a complexidade humana das personagens não é ressaltada, pois, na sua maioria, elas acabam compondo uma galeria de personagens-tipos, algumas simples caricaturas que trafegam no limite do sofrido e do grotesco, demonstrando o quão a expectativa clownesca que o TEN insistiu em combater permanece firme. Isso é explicável, principalmente quando se faz teatro de negros para brancos. Os dramaturgos, mesmo em se tratando de criações coletivas, vão procurar atender a uma expectativa reinante, assentada sobre uma sólida base de estereótipos, assim como também estão condicionadas a poesia e a ficção à expectativa dos leitores e críticos brancos. Contudo, para o ator, o trabalho é mais árduo, pois, à vista do tempo necessário e organizado para a sua atividade (pesquisa, ensaio e apresentação), a necessidade de profissionalização é o sinal premente da sobrevivência, na maioria dos casos.

Pelas realizações e preservação da memória, duas companhias se destacam: o Bando de Teatro Olodum, de Salvador, e a Companhia dos Comuns, do Rio de Janeiro, entidades que, além do mérito das montagens e de não terem descuidado do registro escrito e publicado suas atividades, foram as responsáveis pela criação do Fórum Nacional de Performance Negra, realizando até 2009 três edições. No Fórum, a dramaturgia tem encontrado guarida dentre as várias palestras, oficinas e performances que nele ocorrem. É um momento de encontro de pessoas de vários grupos e companhias de teatro, dança e circo. E o importante é que a organização do evento não perde o fluxo da história. Registra. Essas duas companhias criam seus próprios textos no trabalho do dramaturgo Márcio Meirelles juntamente com os atores. A dramaturgia negro-brasileira segue buscando o que Santa Rosa, a respeito do Teatro Experimental do Negro, escreveu no periódico *A manhã*, em 14 de julho de 1946:

> A vida nos morros, os fatos históricos, as lendas, os ritos, são mananciais de temas fabulosos em que se pode fundar a imaginação dos nossos autores.
>
> (Rosa, 1966, p. 30)

Todavia, o conflito racial está apenas subjacente na memória dos textos, deixando transparecer a ponta de seu *iceberg*, não sendo a base do conflito. O recorte de classe social apresenta unicidade. Os pobres são os privilegiados. Com isso a questão racial se dilui ou perde importância. As peças de ambos os grupos, com muitos personagens, privilegiam o protagonista coletivo. Se há importância de se garantir a participação de diversos atores em um mesmo espetáculo, há que se atentar para o substrato de tal opção estética: à personagem negra ficam vetadas a profundidade e a individualidade. Os "bifes" são reduzidos a picadinhos. Por outro lado, também, a preocupação de apenas colocar em cena atores negros leva a uma dramaturgia que reduz a possibilidade de apresentar conflitos raciais como tema principal no diapasão realista.

O TEN, em 1945, estreou no Teatro Municipal do Rio de Janeiro com um quase monólogo: o *Imperador Jones*, de O'Neill, em que a personagem negra, no início, se confronta com uma personagem branca. Pela sua densidade, a peça possibilitou, na época, ao ator Aguinaldo Camargo explorar seu potencial interpretativo. Porém, a peça focaliza uma realidade não brasileira. Aqui, a ideologia racial massificou seus princípios. Aliás, tanto a crítica literária quanto a teatral, com raras exceções, quando abordam poesia, ficção ou a dramaturgia negro-brasileiras, amenizam a presença do preconceito no Brasil, apelando para a mestiçagem como solução mágica. Se a ideologia prega isso como princípio, como a questão racial será tema principal de obras a exemplo de *O anjo negro*, de Nelson Rodrigues, e *Sortilégio*, de Abdias Nascimento, sem confrontar o que está estabelecido, dentro e fora das pessoas? A necessidade de agradar e ter a recepção garantida de seu produto cultural é o que tem norteado muitos artistas negros de várias áreas e também brancos quando se trata de protagonizar o negro. Busca-se o cultural "desconflitado", sem arestas raciais que venham comprometer o sucesso almejado. A mídia racista agradece e promove.

O histórico do Teatro Negro-brasileiro, se demonstra o espaço conquistado, mais ainda, abre um leque sem fronteiras para o tanto que se precisa realizar, inclusive na adaptação de contos, novelas e romances, além da busca de leituras e montagens da produção de dramaturgos negros de outros países, mormente da América e da África, que muito nos poderão ensinar sobre a ideologização de nosso olhar em relação a eles e a nós mesmos. Aimé Césaire, Wole Soyinka, Amiri Baraka, Adrienne Kennedy, Manuel dos Santos Lima são alguns nomes, cujas obras as companhias começam a visitar.

A necessária ousadia realizada pelas companhias negras tem sido a de montar os clássicos (originalmente brancos) só com atores negros. A importância dessa iniciativa é demolir a verossimilhança racista dentro de seu próprio território: o cânone dramatúrgico.

Sem dúvida que as companhias teatrais negro-brasileiras como Caixa Preta, de Porto Alegre, Cabeça Feita, de Brasília, Os Crespos, de São Paulo, e tantas outras, abrem, por meio da pesquisa e do estímulo, uma grande via de desenvolvimento da escrita dramatúrgica.

11
Antologias e novos suportes

As antologias de poesia e, em menor número, de contos têm servido para mapear a produção da vertente literária negro-brasileira. Em geral, seguem o parâmetro cronológico da idade dos autores, acompanhada de pequenos dados biográficos e bibliográficos. Com exceção dos *Cadernos Negros*, a maior parte não traz fotos dos autores. Umas poucas se aventuram a estudos críticos. Podemos destacar nesse universo a antologia constante do livro *Negro escrito*, de Oswaldo de Camargo, por ser temática; a *Poesia negra brasileira: antologia*, organizada por Zilá Bernd, com uma classificação crítica; *Terra de palavras*, de contos, organização de Fernanda Felisberto, por trazer também textos de autores de outros lugares da diáspora africana; *Schwarze Poesie – Poesia Negra e Schwarze Prosa – Prosa Negra*, poemas e contos vertidos para o alemão por Johannes Augel, trabalhos organizados por Moema Parente Augel; *Enfim... nós; Finally...us: escritoras negras brasileiras contemporâneas; contemporary black Brazilian women writers*, seleção e edição de Miriam Alves, com versão para o inglês por Carolyn R. Durham, porque firma uma vertente feminina.

Uma parte das coletâneas publicadas, incluindo as citadas anteriormente, elenca textos cujo teor está vinculado às ideias de polaridade e identidade. Em outras, o critério da cor da pele do autor e outros traços fenotípicos é o que preside, seguindo os passos da Antropologia. Nestas últimas, apesar de seus títulos fazerem apelo ao "afro", é preciso garimpar textos negro-brasileiros que reflitam um escrever-se negro. Há de tudo, desde trabalhos de adolescentes, ingenuidades, até textos sofisticados que nada trazem das questões relativas à convivência inter-racial. Algumas demonstram o quanto a autocensura calou fundo, provocando o esquecimento das raízes negro-brasileiras e dos conflitos a elas relacionados.

Para além do suporte do livro de papel, há autores que também investiram no CD, como Elisa Lucinda, com o *Semelhante*; Carlos de Assumpção e Cuti, com o *Quilombo de palavras*; e José Carlos Limeira, com *A noite da liberdade*. Vários mantêm *sites* e *blogs*. Dois importantes *sites* com informações gerais sobre autores e obras são:

- www.quilombhoje.com.br
- www.letras.ufmg.br/literafro

As antologias de ensaios têm subsidiado bastante os trabalhos acadêmicos e escolares, suscitando eventos e debates. Dentre outras, destacam-se: *Reflexões sobre literatura afro-brasileira*, do Quilombhoje; *Criação crioula, nu elefante branco*, organizada por Arnaldo Xavier, Miriam Alves e Cuti; *Brasil afro-brasileiro*, por Maria Nazareth Fonseca; *Poéticas afro-brasileiras*, por Maria do Carmo Lanna Figueiredo e Maria Nazareth Fonseca; *Mente afro-brasileira*, por Niyi Afolabi, Márcio Barbosa e Esmeralda Ribeiro.

Obras individuais de crítica, ensaios, artigos de revistas e jornais têm-se avolumado a um ponto que ficou bem mais difícil não ler e não gostar.

12
Para finalizar

Diversas são as linhas de pesquisa que esta vertente literária tem possibilitado, bem como o debate sobre questões raciais em outras áreas. Intertextualidade, metalinguagem, regionalismo e feminismo são alguns tópicos que já contam com estudos a respeito.

No que tange ao segmento infantojuvenil, pelo fato de ser uma produção feita por adultos para refletir aquele universo, o debate é mais complexo. Tal complexidade foge aos limites destas páginas. No entanto, cumpre registrar que a produção brasileira sendo muito intensa, uma vez que a escola é a grande consumidora desse tipo de literatura, oferece amplo campo de pesquisa, em especial porque aí encontram-se e efetivam-se hegemonicamente duas posturas ideológicas comprometedoras, a do branco e a do adulto, considerando também que o leitor criança ou adolescente é muito mais vulnerável às influências. As consequências do descuido no tratamento da questão dos estereótipos raciais nessa área são desastrosas, o que torna a reflexão aprofundada cada vez mais urgente, pois estamos no âmbito educacional. Aí a leitura de certas obras, como já vimos, é compulsória.

Com o advento de Lei nº 10.639/2003, muito se tem produzido de livros paradidáticos contendo a temática relativa à realidade da população negro-brasileira e, em maior monta, de conteúdo africano. O volume de obras cresceu significativamente nos últimos anos. Certamente, desse conjunto, muitas obras servirão para instigar os alunos a novos voos no campo da leitura e, quiçá, à revelação de novos talentos de uma vertente infantojuvenil negro-brasileira. Sem nos iludir, é preciso que o censo crítico[21] acenda suas luzes em face dessa produção, pois o racismo não dá trégua e não poupa as crianças.

Apesar dos baixos índices de leitura do Brasil, muitas pessoas continuam produzindo literatura negro-brasileira. Esta vertente prossegue seu caminho em todas as ramificações, pois a necessidade de expressão literária é vital, seja com qual nome ela venha a ser classificada. À obra, cumpre a função principal de furar as resistências para nutrir a memória afetiva dos leitores.

---

21. Dentre tantos autores, podemos destacar Geni Guimarães, Heloisa Pires Lima, Joel Rufino dos Santos, Júlio Emílio Braz, e, na parte da crítica de âmbito acadêmico, Andréia Lisboa de Sousa e Maria Anória de Jesus Oliveira.

Bibliografia

Obras consultadas

ALBERTO, J. Quem cala não consente. In: CUTI (org.). *Cadernos Negros 5*: poesia. São Paulo: Ed. dos Autores, 1982. p. 34.

ASSUMPÇÃO, C. de. *Protesto*: poemas. Franca, SP: [s.n.], 1982.

_____. Quadrinha. In: Quilombhoje (org.). *Cadernos Negros 15*: poemas. São Paulo: Quilombhoje, 1992. p. 7.

BARBOSA, M. Sou do gueto. In: *Cadernos Negros 25*: poemas afro-brasileiros. São Paulo: Quilombhoje, 2002. p. 112-113.

_____. Se o opressor diz. In: *Cadernos Negros 27*: poemas afro-brasileiros. São Paulo: Quilombhoje, 2004. p. 112.

BARRETO, L. *Diário íntimo*. São Paulo: Brasiliense, 1956a.

_____. *Recordações do escrivão Isaías Caminha*. São Paulo: Brasiliense, 1956b.

BASTIDE, R. *Estudos afro-brasileiros*. São Paulo: Perspectiva, 1973.

_____. *Poetas do Brasil*. São Paulo: Duas Cidades, 1997.

CAMARGO, O. Atitude. In: *Cadernos Negros 1*: poemas. São Paulo: Autores, 1978. p. 42.

_____. *O estranho*: poemas. São Paulo: Roswitha Kempf Editores, 1984.

CHARAUDEAU, P.; MAINGUENEAU, D. *Dicionário de análise do discurso*. São Paulo: Contexto, 2004.

CORREIA, L. Teimosa presença. In: Quilombhoje (org.). *Cadernos negros: os melhores poemas*. São Paulo: Quilombhoje, 1998.

_____. Diamante; Meta-dentro e fora. In: *Caxinguelê*. 2 ed. Recife: Fundação de Cultura Cidade do Recife, 2006. p. 41 e 52.

CUTI. *Poemas da carapinha*. São Paulo: Ed. do Autor, 1978.

DE PAULA, W. J. Repoema. In: *Cadernos Negros 3: poemas*. São Paulo: Autores, 1980. p. 58.

DUARTE, E. A. Maria Firmina dos Reis e os primórdios da ficção afro-brasileira. In: REIS, M. F.. *Úrsula; a escrava*. Atualização do texto e posfácio de Eduardo de Assis Duarte. Florianópolis: Mulheres; Belo Horizonte: PUC Minas, 2004. p. 273.

FERREIRA, E. América negra. In: *Cadernos Negros 27: poemas afro-brasileiros*. São Paulo: Quilombhoje, 2004. p. 50.

GAMA, L. *Primeiras trovas burlescas & outros poemas*. Edição preparada por Lígia Fonseca Ferreira. São Paulo: Martins Fontes, 2000.

_____. *Negro preto cor da noite*. São Paulo: Hendi, 1936.

GUEDES, L. *Mestre Domingos: poema*. São Paulo: Hendi, 1937a.

_____. *O pequeno bandeirante*. São Paulo: Hendi, 1937b.

GUIMARÃES, G. *Balé das emoções*. Barra Bonita: Evergraf, [1993].

_____. Integridade. In: AUGEL, M. P. (org.). *Schwarze poesie – poesia negra*. Köln: Edition Diá, 1988. p. 144.

KESTELOOT, L. *Anthologie Negro-Africaine: La littérature de 1918 à 1981*. Alleur: Marabout, 1987.

LEME, M. I. *Ovelha negra*. Brasília: Thesaurus, [1983].

LUCINDA, E. *O semelhante*. Rio de Janeiro: Autor, 1997. p.180-181.

MACHADO, S. "Nuegreza". In: *Cadernos Negros – três décadas: ensaios, poemas, contos*. São Paulo: Quilombhoje; Secretaria Especial de Políticas de Promoção da Igualdade Racial, 2008. p. 155.

MUNANGA, K. *100 anos de bibliografia sobre o negro no Brasil*. Brasília: Fundação Cultural Palmares/Minc, 2000.

OLIVEIRA, E. de. *Banzo: poesias*. 2. ed. São Paulo: Obelisco, 1965.

ONAWALE, L. *Vento*. Salvador: Autor, 2003.

RAMOS, A. *O negro na civilização brasileira*. Rio de Janeiro: Casa do Estudante do Brasil, 1956.

REIS, M. F. *Úrsula; a escrava*. Atualização do texto e posfácio de Eduardo de Assis Duarte. Florianópolis: Mulheres; Belo Horizonte: PUC Minas, 2004.

RODRIGUES, N. Abdias: o negro autêntico. In: TEATRO EXPERIMENTAL DO NEGRO (org.). *Teatro Experimental do Negro: testemunhos*. Rio de Janeiro: GRD, 1966. p. 157-158.

ROSA, S. Teatro de negros. In: TEATRO EXPERIMENTAL DO NEGRO (org.). *Teatro experimental do negro: testemunhos*. Rio de Janeiro: GRD, 1966. p. 30.

RUFINO, a. *Eu, mulher negra, resisto*. Santos: [s.n.], 1988.

SAYERS, R. S. *O negro na literatura brasileira*. Rio de Janeiro: O Cruzeiro, 1958.

SEMOG, É.; LIMEIRA, J. C. *O arco-íris negro*. Rio de Janeiro: Ed. dos autores, [1978].

SILVEIRA, O. *Poemas*. Porto Alegre: Edição dos Vinte, 2009. p. 65.

SOBRAL, C. Amor libertador. In: *Cadernos Negros 25*: poemas afro-brasileiros. São Paulo: Quilombhoje, 2002. p. 51.

SOUSA, C. *Obra completa*. Rio de Janeiro: Nova Aguilar, 2000.

TEODORO, L. *Água marinha ou tempo sem palavra*. Brasília: Ed. da autora, 1978.

TEREZA, M. *Negrices em flor*. São Paulo: Toró, 2007.

TRINDADE, S. *Cantares ao meu povo*. São Paulo: Fulgor, 1961.

_____. *Poeta do povo*. São Paulo: Contos e Prantos, 1999.

Obras complementares
Poemas – Antologias

ALVES, M.; DURHAM, C. R. (org.). *Enfim... nós; Finally... us: escritoras negras brasileiras contemporâneas; contemporary black Brazilian women writers*. Colorado Springs: Three Continents Press, 1995.

AUGEL, M. P. (org.). *Schwarze poesie – poesia negra*. Köln: Diá, 1988. (Edição bilíngue: alemão/português).

BERND, Z. (org.). *Poesia negra brasileira: antologia*. Porto Alegre: AGE; IEL; IGEL, 1992.s

CAMARGO, O. (org.). *A razão da chama: antologia de poetas negros brasileiros*. São Paulo: GRD, 1986.

_____. Breve antologia temática. In: *O negro escrito: apontamentos sobre a presença do negro na literatura brasileira*. São Paulo: Secretaria do Estado da Cultura, Assessoria de Cultura Afro-Brasileira, 1987.

COLINA, P. (org.). *Axé: antologia contemporânea da literatura negra brasileira*. São Paulo: Global, 1982.

CONCEIÇÃO, J.; BARBOSA, L. *Quilombo de palavras*: a literatura dos afro-descendentes. 2. ed. ampl. Salvador: Ceao; UFBA, 2000.

CORREIA, B. (org.). *Perfume da raça*. Salvador. Cepa, 1987.

DANTAS, E. M. *et al. Textos poéticos africanos de língua portuguesa e afro-brasileiros*. João Pessoa: Ideia, 2007.

DUBOC, J. (org.). *Pau de sebo: coletânea de poesia negra*. Brodowski: Projeto Memória da Cidade, 1988.

OGUIAM, E. O. (org.). *Capoeirando*. Salvador: Centro de Estudos Afro-Orientais, 1982.

QUILOMBHOJE (org.). *Cadernos Negros 1, 3, 5, 7, 9, 11, 13, 15, 17, 19, 21, 23, 25, 27, 29, 31*. São Paulo: Autores; Quilombhoje, 1978, 1980, 1982, 1984, 1986, 1988, 1990, 1992, 1994, 1996, 1998, 2000, 2002, 2004, 2006, 2008.

_____. *Cadernos Negros: os melhores poemas*. São Paulo: Quilombhoje, 1998.

_____. *Sarau afro mix*. São Paulo: Quilombhoje; Coordenadoria Especial dos Assuntos da População Negra, 2009.

SANTOS, L.; GALAS, M.; TAVARES, U. *O negro em versos: antologia da poesia negra brasileira*. São Paulo: Moderna, 2005.

SOARES, A.; ROCHA, S. I. (org.). *Poetas negros do Brasil*. Porto Alegre: Caravela, 1983.

VIEIRA, H. J. (org.). *Poetas baianos da negritude*. Salvador: Centro de Estudos Afro-Orientais, 1982.

Poemas, contos e ensaios – Antologias

RIBEIRO, E.; BARBOSA, M. (org.). *Cadernos negros: três décadas: ensaios, poemas, contos*. São Paulo: Quilombhoje; Secretaria Especial de Políticas de Promoção da Igualdade Racial, 2008.

VENTURA, M. (org.). *Negrafias 02: literatura e identidade – antologia literária*. São Paulo: CicloContínuo, 2009.

Contos – Antologias

FELISBERTO, F. (org.). *Terra de palavras: contos*. Rio de Janeiro: Pallas; Afirma, 2004.

QUILOMBHOJE (org.). *Cadernos Negros 2, 4, 6, 8, 10, 12, 14, 16 e 18*. São Paulo: Autores, 1979, 1981, 1983, 1985, 1987, 1989, 1991, 1993, 1995.

_____. *Cadernos Negros: os melhores contos*. São Paulo: Quilombhoje, 1998.

RUFFATO, L. (org.). *Questão de pele: contos sobre preconceito racial*. Rio de Janeiro: Língua Geral, 2009. (Coleção Língua Franca).

Peças de teatro – Antologia

NASCIMENTO, A. *Dramas para negros e prólogo para brancos*. Rio de Janeiro: Teatro Experimental do Negro, 1961.

Ensaios de história e crítica literárias

II ENCONTRO DE POETAS E FICCIONISTAS NEGROS BRASILEIROS, 2, 1986, Rio de Janeiro. *Corpo de negro rabo de brasileiro*. Rio de Janeiro, 1986. Mimeografado.

BASTIDE, R. A poesia afro-brasileira; estereótipos de negros através da literatura brasileira. In: *Estudos afro-brasileiros*. São Paulo: Perspectiva, 1973.

_____. A incorporação da poesia africana à poesia brasileira. In: *Poetas do Brasil*. São Paulo: Editora da Universidade de São Paulo; Duas Cidades, 1997. (Críticas Poéticas, 5).

BERND, Z. *A questão da negritude*. São Paulo: Brasiliense, 1984.

_____. *Negritude e literatura na América Latina*. Porto Alegre: Mercado Aberto, 1987.

_____. *Introdução à literatura negra*. São Paulo: Brasiliense, 1988.

BROOKSHAW, D. *Raça e cor na literatura brasileira*. Porto Alegre: Mercado Aberto, 1983.

CAMARGO, O. *O negro escrito*. São Paulo: Secretaria de Estado da Cultura, 1987.

_____. A mão afro-brasileira em nossa literatura. In: ARAÚJO, E. (org.). *A mão afro-brasileira: significado da contribuição artística e histórica*. São Paulo: Tenenge, 1988. p. 335-347.

CUTI [LUIZ SILVA]. Poesia erótica nos Cadernos Negros. In: FONSECA, M. N. S. (org.). *Brasil afro-brasileiro*. Belo Horizonte: Autêntica, 2000.

CRUZ, L. S. A poesia negra no Brasil. *Cadernos Brasileiros*, ano IV, n. 4, especial: África, [1964].

DAMASCENO, B. G. *Poesia negra no modernismo brasileiro*. Campinas: Pontes, 1988.

DUARTE, E. A. *Literatura e afro-descendência*, 2004. Disponível em: < http://www.letras.ufmg.br/literafro/conceituacao.htm >. Acesso em: Junho/2010

EVARISTO, C. *Literatura negra*. Rio de Janeiro: Ceap, 2007. (Cadernos Ceap).

FIGUEIREDO, M. C. L; FONSECA, M. N. (org.) *Poéticas afro-brasileiras*. Belo Horizonte: PUC Minas/Mazza, 2002.

GOMES, H. T. *O negro e o romantismo brasileiro*. São Paulo: Atual, 1988.

KENNEDY, J. H. Algumas achegas para a nova poesia afro-brasileira. *Ponto e Vírgula*, São Vicente, Cabo Verde, n. 13, jan./set. 1985.

_____. Bibliografia da literatura afro-brasileira contemporânea. *Estudos Afro-Asiáticos*, Rio de Janeiro, n. 15, p. 218-237, 1988.

MENDES, M. G. *A personagem negra no teatro brasileiro*. São Paulo: Ática, 1982.

_____. *O negro e o teatro brasileiro*. São Paulo: Hucitec; Rio de Janeiro: Instituto Brasileiro de Arte e Cultura; Brasília: Fundação Cultural Palmares, 1993.

MILLIET, S. Alguns aspectos da poesia negra. In: *Quatro ensaios*. São Paulo: Martins Fontes, [1966].

NUNES, C. A poesia negra no modernismo brasileiro. *Cultura*, Brasília, ano 2, n. 5, p. 118-123, jan./mar. 1972.

QUILOMBHOJE (org.). *Reflexões sobre literatura afro-brasileira*. São Paulo: Conselho de Desenvolvimento e Participação da Comunidade Negra, 1985.

RABASSA, G. *O negro na ficção brasileira*. Rio de Janeiro: Tempo Brasileiro, 1965.

RAMOS, A. O negro nas letras e nas ciências. In: *O negro na civilização brasileira*. Rio de Janeiro; São Paulo: Casa do Estudante do Brasil, 1956.

SAYERS, R. S. *O negro na literatura brasileira*. Rio de Janeiro: O Cruzeiro, 1958.

SOUZA, F.; LIMA, M. N. (org.). *Literatura afro-brasileira*. Salvador: Centro de Estudos Afro-Orientais; Brasília: Fundação Cultural Palmares, 2006.

SUSSEKIND, F. *O negro como arlequim: teatro & discriminação*. Rio de Janeiro: Achiamé/Socii, 1982.

TEATRO EXPERIMENTAL DO NEGRO (org.). *Teatro Experimental do Negro: testemunhos*. Rio de Janeiro: GRD, 1966.

XAVIER, A; CUTI [LUIZ SILVA]; ALVES, M. (org.). *Criação crioula, nu elefante branco*. São Paulo: Imesp, 1987.